2023 年甘肃政法大学科研创新重点项目《中华传统文化在高校美育教育中的应用研究》（项目编号：GZF2023XZD21）资助

中华优秀传统文化在高校美育教育中的应用研究

靳小云　著

中国商业出版社

图书在版编目 (CIP) 数据

中华优秀传统文化在高校美育教育中的应用研究 / 靳小云著. -- 北京 : 中国商业出版社, 2025. 2.
ISBN 978-7-5208-3342-4

Ⅰ. G40-014

中国国家版本馆 CIP 数据核字第 2025V7C945 号

责任编辑：管明林

中国商业出版社出版发行
（www.zgsycb.com 100053 北京广安门内报国寺 1 号）
总编室：010-63180647 编辑室：010-83114579
发行部：010-83120835/8286
新华书店经销
天津和萱印刷有限公司印刷

*

710 毫米×1000 毫米 16 开 13.25 印张 230 千字
2025 年 2 月第 1 版 2025 年 2 月第 1 次印刷
定价：68.00 元

* * * * *

（如有印装质量问题可更换）

前　言

中华优秀传统文化是中华民族五千年文明史的结晶，蕴含着丰富的哲学思想、伦理道德、审美观念和人文精神。随着全球化的深入发展和文化多样性的碰撞，传统文化的传承与创新面临着前所未有的挑战。在这样的背景下，高校美育教育作为培养学生综合素质和人文素养的重要途径，亟须将中华优秀传统文化融入其中，以提升学生的文化自信和审美能力。

本书从中华优秀传统文化概述入手，阐述了高校美育教育的基本理论，分析了中华优秀传统文化与高校美育教育的关系，然后论述了中华优秀传统文化融入高校美育课程的路径、中华优秀传统文化在高校美育实践活动中的运用以及中华优秀传统文化在高校美育环境建设中的体现，最后对中华优秀传统文化与高校美育教育的师资培养进行了深入探讨。希望通过本书的介绍，能够为读者提供中华优秀传统文化在高校美育教育中的应用研究方面的帮助。

本书由靳小云独立完成，共计23万字，由2023年甘肃政法大学科研创新重点项目《中华传统文化在高校美育教育中的应用研究》（项目编号：GZF2023XZD21）资助出版。在写作过程中，笔者参考了相关文献、资料，获益良多，在此谨向其作者表示衷心的感谢。

由于笔者水平有限，部分问题的研究还有待进一步深化、细化，书中难免存在不足，敬请广大读者批评指正。

靳小云

2025 年 1 月

前 言

中华优秀传统文化是中华民族五千年文明史的结晶，蕴含着丰富的哲学思想、伦理道德、审美观念和人文精神。随着全球化的深入发展和文化多样性的碰撞，传统文化的传承与创新面临着前所未有的挑战。在这样的背景下，高校美育教育作为培养学生综合素质和人文素养的重要途径，更需将中华优秀传统文化融入其中，以增强学生的文化自信和审美能力。

本书从中华优秀传统文化概述入手，阐述了高校美育教育的基本理论，分析了中华优秀传统文化与高校美育教育的关系，然后论述了中华优秀传统文化融入高校美育课程的路径，重点研究优秀传统文化在高校美育实践活动中的应用以及中华优秀传统文化在高校美育环境建设中的体现，最后对中华优秀传统文化与高校美育教育的师资培养进行了深入探讨。希望通过本书的介绍，能够为读者提供中华优秀传统文化在高校美育教育中的应用研究方面的帮助。

本书由靳小云独立完成，共计23万字。为2023年甘肃政法大学科研创新重点项目《中华传统文化在高校美育教育中的应用研究》（项目编号：GZF2023XZD21）资助出版。在写作过程中，笔者参考了相关文献、资料，借鉴良多，在此向其作者表示衷心的感谢。

由于笔者水平有限，部分问题的研究还有待进一步深化、细化，书中难免存在不足，敬请广大读者批评指正。

靳小云

2025年1月

目录

第一章　中华优秀传统文化概述

第一节　中华优秀传统文化的定义与特点

一、中华优秀传统文化的定义与重要性

（一）定义与内涵

中华优秀传统文化是指中华民族在长期历史发展过程中所形成和积淀的文化精华。它不仅包括哲学、艺术、文学等多个领域的文化成就，还蕴含着丰富的思想内涵和精神财富。其核心价值观念如仁、义、礼、智、信等，强调个人与社会的和谐关系，反映了中华民族对于人类生活的深刻理解和独特诠释。这些价值观念不仅在历史上塑造了中华民族的道德标准和行为准则，也在当代社会中继续发挥着重要作用，指导着人们的生活和行为。

中华优秀传统文化包括了哲学思想，如儒家、道家、墨家等，分别从不同的视角探讨人生的意义和社会的理想状态；艺术形式，如书法、绘画、音乐、舞蹈等，展示了人类创造力的极致；文学作品，如诗歌、散文、小说等，反映了社会的变迁和人性的复杂。这不仅丰富了中华文化的内涵，也为世界文化的发展贡献了宝贵的资源。

（二）重要性分析

中华优秀传统文化的重要性主要体现在为教育提供丰富的思想资源、增强文化自信、提供多样的艺术形式以及培养道德情操等方面。中华优秀传统文化蕴含

着深厚的哲学思想、伦理观念和人文精神，这些为高校美育教育奠定了坚实的思想基础。通过对传统文化的学习，学生能够更好地理解和内化这些思想和理念，从而树立正确的世界观、人生观和价值观。这种思想资源不仅丰富了教育内容，还为学生的个人发展提供了方向指引。

中华优秀传统文化的融入能够显著增强学生的文化自信。面对全球化背景下的多元文化冲击，培养学生对本民族文化的深刻认识和认同感显得尤为重要。中华优秀传统文化通过其悠久的历史和独特的魅力，能够激发学生的民族自豪感和文化自信心，使他们在国际舞台上更具竞争力和自信心。这样的文化认同不仅有助于个人的成长，也为国家的文化软实力提升贡献了力量。

中华优秀传统文化中的艺术形式，如书法、绘画、音乐、戏剧等，为高校美育教育提供了丰富多样的表现手法。这些艺术形式不仅是文化的载体，也是美育教育的重要内容。通过对这些艺术形式的学习和实践，学生的创造力和审美能力得以激发和提升。艺术教育在美育中占据重要位置，而传统文化中的艺术形式则为这种教育提供了广阔的素材和无限的可能性。

二、中华优秀传统文化的多样性

（一）文化形式

中华优秀传统文化的多样性体现在其丰富的文化形式中，这些形式不仅是文化传承的载体，也是高校美育教育的重要资源。在高校美育教育中，书法艺术的应用尤为显著。书法作为中华文化的瑰宝，不仅是一种书写技艺，更是汉字美感与文化内涵的集中体现。在高校美育课程中，通过书法的学习，学生能够深入理解汉字的结构与美感，感受其中蕴含的哲学思想和人文精神。这种学习不仅提高了学生的艺术鉴赏能力，也增强了他们对中华文化的认同感和自豪感。

传统音乐作为另一种重要的文化形式，在高校美育教育中同样扮演着重要角色。通过传统音乐的教学与演奏，学生能够更直观地感受到中华文化的魅力。传统音乐不仅是一种艺术表现形式，更是历史与文化的声音记录。高校通过开设传统音乐课程，邀请民乐团体进行现场演奏，能够有效地增强学生的审美能力和文化认同感。这种教学方式使学生在音乐的熏陶中，潜移默化地接受中华文化的熏陶，丰富了他们的精神世界。

戏曲作为中华文化的综合艺术形式，集音乐、表演、文学于一体，是文化传承的重要载体。在高校美育教育中，通过戏曲表演的教学，学生不仅可以学习表演艺术的基本技能，还能培养团队合作精神。戏曲的学习需要学生在表演中相互配合，理解角色的情感和故事的背景，从而在实践中提高自身的艺术素养和合作能力。这种教学方法有助于学生在多元文化背景下，形成对中华文化的深刻理解和尊重。

民间艺术形式的融入，为高校美育教育增添了新的活力。民间艺术形式多样，涵盖剪纸、泥塑、刺绣等，这些艺术形式不仅展示了地方文化的独特魅力，也激发了学生的创造力。在美育教育中，通过民间艺术的学习，学生能够关注并理解地方文化的价值，激发创新思维。高校通过组织民间艺术工作坊和展览，使学生在动手实践中，感受民间艺术的魅力，增强对地方文化的关注与理解。

（二）文化表达

中华优秀传统文化的多样性体现在其丰富的文化表达形式上。这些形式不仅展现了文化的深厚底蕴，还在教育中发挥着重要的作用。传统诗词的诵读与创作是文化表达的重要方式之一。通过诵读古诗词，学生可以感受到语言的优美和节奏的韵律，进而培养语言表达能力。创作诗词则能够激发学生的想象力和创造力，使他们在文字中表达自己的情感与思想。这种过程不仅增强了对中华文化的理解与热爱，还使学生在潜移默化中与历史对话，感受文化的悠久与深邃。

书法艺术的学习与实践是另一种重要的文化表达形式。书法不仅是一种文字的书写技艺，更是一种文化的艺术表现。通过学习书法，学生可以掌握汉字的书写技巧，体会汉字形态的美感，进而提升自身的文化素养。书法的练习要求心手合一，静心凝神，这种专注的过程能够培养学生的耐心和细致的性格。同时，书法中蕴含的文化内涵，如仁、义、礼、智、信等传统价值观，也在潜移默化中影响着学生的道德观念和人生追求。

传统戏曲的表演与欣赏是文化表达的另一重要途径。戏曲作为一种综合性的艺术形式，包含了音乐、舞蹈、表演等多种艺术元素。通过戏曲的学习，学生不仅可以提高对戏曲艺术的认知与理解，还能在表演中锻炼自己的团队协作能力与表演艺术素养。戏曲中的角色扮演和情节演绎，帮助学生更好地理解人际关系和社会角色，培养其同理心和社会责任感。欣赏戏曲的过程，也是一种文化熏陶，使学生在潜移默化中接受传统文化的洗礼。

民间艺术的参与与创作则激发了学生的创新思维与对地方文化的认同。民间艺术形式多样，如剪纸、泥塑、刺绣等，这些艺术形式不仅是地方文化的象征，更是民族智慧的结晶。通过参与民间艺术的创作，学生可以在动手实践中体验艺术的魅力，激发创造力与想象力。同时，民间艺术中蕴含的地方文化特色，使学生在参与过程中增强对地方文化的认同感，促进文化的传承与发展。

三、中华优秀传统文化的包容性

（一）文化融合

在全球化背景下，文化融合不仅是不同文化之间的交流与互动，更是传统文化与现代文化之间的深刻对话。中华优秀传统文化在与现代艺术形式结合的过程中，促进了跨界合作与创新。这种结合不仅丰富了高校美育教育的内容与形式，也为其注入了新的活力与生机。通过这种融合，学生能够更深刻地理解和欣赏多元文化，培养开放的文化视野。

在高校美育教育中，中华优秀传统文化与现代艺术的结合能够增强学生对多元文化的理解与包容。通过引入传统文化元素，学生可以在学习过程中接触到不同的文化观念和价值体系，从而拓宽他们的文化视野。在这样的教育环境中，学生不仅可以欣赏到传统文化的魅力，还能理解现代文化的多样性与复杂性。这种对多元文化的理解与包容，正是培养学生开放文化视野的重要途径。

美育课程中，传统文化与当代艺术的融合能够激发学生的创造力。通过在课程中引入传统文化元素，学生被鼓励在创作中探索新的表达方式。这种探索不仅有助于学生创新思维的发展，还能帮助他们在艺术创作中找到个人的独特风格。在这种教育模式下，学生的创造力得到充分激发，他们能够在传统与现代之间找到平衡，并在此基础上进行创新。

（二）文化适应

文化适应不仅体现在文化自身的演变与发展中，也在于其如何在现代社会中被重新诠释和应用。在高校美育教育中，文化适应性表现为将传统文化的精髓融入现代教学体系，帮助学生在全球化背景下理解和应用中华优秀传统文化。通过文化适应，高校能够在不失文化本源的前提下，实现中华优秀传统文化的现代化

转型，使其在当代教育中焕发新的生命力。

在高校美育教育中，融入中华优秀传统文化的教学方法是促进学生理解和应用传统文化的有效途径。通过课程设计，教师可以将传统文化元素有机地融合到教学内容中。例如，在艺术课程中，教师可以引入中国古代艺术作品的赏析，引导学生感受传统文化的美学思想和艺术价值。这种方法不仅能提高学生对中华优秀传统文化的认知水平，还能增强他们在多元文化背景下的文化自信心和民族认同感，使学生能够更好地将传统文化运用于现代社会的各个方面。

实践活动是高校美育教育中不可或缺的一部分，通过书法、绘画等传统文化实践活动，学生可以在动手过程中加深对中华优秀传统文化的理解。书法教学不仅传授文字书写的艺术，还能让学生体会到中国文字的形态美和文化内涵。绘画课程则通过传统技法与现代创作的结合，激发学生的艺术创造力。这些实践活动不仅提高了学生的动手能力，还增强了他们对传统文化的认同感，使中华优秀传统文化在学生心中扎根，成为其文化素养的重要组成部分。

第二节　中华优秀传统文化的主要类型

一、传统文学艺术与戏曲文化

（一）诗词与书画

诗词与书画是中华优秀传统文化的重要组成部分，其独特的艺术魅力和深厚的文化内涵在高校美育教育中具有重要的应用价值。

诗词以其凝练的语言和丰富的意象，不仅展现了古代文人的情感世界，也承载了中华民族的文化记忆。在高校的诗词教学中，通过诵读经典作品，学生能够感受到古诗词的韵律美和意境美，从而提升语言表达能力和审美素养。此外，通过诗词创作实践，学生可以更深入地体会诗词的艺术魅力，培养创造性思维和文化自信。

书法不仅是文字的书写艺术，更是汉字形态美与文化内涵的生动体现。在高

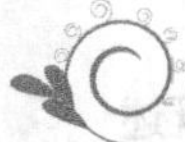

校书法课程中，通过实践书写，学生能够直观地感受汉字的结构之美和书法的节奏韵律。这一过程不仅有助于增强学生的文化认同感，还能培养他们的专注力和耐心。此外，书法艺术还鼓励学生在实践中探索自我表达的独特方式，激发他们对传统文化的热爱与传承。

传统绘画技法的学习是美育教育中不可或缺的一部分，它能够培养学生对传统艺术的理解与欣赏能力。在高校美术课程中，通过临摹经典作品和创作实践，学生可以了解中国画的线条运用、构图技巧以及色彩表达。这不仅有助于提高学生的艺术鉴赏能力，还能够激发他们的艺术创作灵感。在这一过程中，学生通过对传统绘画的学习，逐渐形成对中华优秀传统文化的深刻理解，增强文化自信。

通过诗词与书画的结合，学生能够对中华优秀传统文化有更为全面的理解与深刻的体验。在高校美育教育中，将诗词、书法、绘画等多种艺术形式有机结合，能够帮助学生建立起对传统文化的整体认知。这种综合性的学习方式，不仅能够提高学生的综合素质和审美能力，还能够激发他们对中华优秀传统文化的热情与传承意识。

（二）戏曲种类与特色

戏曲文化作为中华传统文化的精华，其在高校美育教育中的应用具有重要意义。通过戏曲课程的学习，学生能够掌握表演艺术的基本技巧，如身段、唱腔和表情等，这对于提高学生的艺术表现力和团队合作精神具有重要作用。此外，戏曲文化的学习还能够增强学生的文化自信，使他们在全球化背景下更加坚定地维护和传播中华优秀传统文化。在这一过程中，学生不仅能够体验戏曲艺术的独特魅力，还能在实践中培养对传统文化的热爱与责任感。戏曲作为中华优秀传统文化的重要组成部分，其多样化的种类和丰富的特色在高校美育教育中扮演着关键角色。

京剧作为中国传统戏曲的代表，以其独特的表演艺术形式著称。京剧的表演包含“唱、念、做、打”四种基本技艺，每一种技艺都蕴含着深厚的文化内涵和地方特色。京剧的唱腔高亢激昂，念白富有节奏感，动作优美流畅，武打场面则充满力量与技巧。这些特点不仅体现了中国传统戏曲的艺术魅力，也为高校美育教育提供了丰富的教学素材，帮助学生深入理解和欣赏传统文化。

昆曲则以其优雅的唱腔和细腻的表演风格而闻名。昆曲强调诗词的韵律与音

乐的结合，形成了独特的艺术表现形式。昆曲的唱腔柔美婉转，表演动作细致入微，常常以文辞优美的剧本为基础，展现出深刻的文学价值。这种艺术形式在高校美育教育中具有重要的研究价值，能够帮助学生通过实践与研究，提升对传统文化的理解和审美能力，促进他们在艺术创作中的创新思维。

粤剧以其独特的方言和音乐风格展现了南方文化的魅力。粤剧的音乐旋律轻快明朗，唱词通俗易懂，常常以生动的故事情节和鲜明的人物形象吸引观众。粤剧在高校美育教育中可以作为地方文化研究的典型案例，帮助学生增强对地方文化的认同感和归属感，激发他们对传统文化的兴趣和热情。

豫剧则以其质朴的表演和接地气的题材著称。豫剧的表演风格简洁明快，唱腔高亢激昂，常常以现实生活中的故事为题材，贴近观众的生活。这种接地气的艺术形式在高校美育教育中能够有效吸引学生的兴趣，帮助他们在轻松愉快的氛围中理解和欣赏传统戏曲，增强对传统文化的认同感。

（三）民间故事

民间故事承载着丰富的历史记忆和文化内涵。这些故事不仅是口头文学的瑰宝，也是文化教育的重要载体。通过民间故事的学习，学生可以更好地理解传统的价值观和道德观念。故事中蕴含的忠诚、勇敢、仁爱等品质，能够帮助学生在潜移默化中树立正确的价值观，增强他们的文化认同感和自豪感。这种文化认同感是学生在全球化背景下保持文化自信的重要基础。

民间故事的创作与讲述为学生提供了一个绝佳的平台，以培养他们的语言表达能力和想象力。故事的叙述要求学生在语言的运用上做到生动形象，同时也激发了他们的创造性思维。通过对故事情节的分析与再创作，学生不仅能够提高语言能力，还能在思维的深度与广度上得到拓展。这种结合了语言艺术与思维训练的学习过程，是提升学生综合素养的重要途径。

在民间故事中，角色与情节的设计为学生提供了进行角色扮演与戏剧表演的契机。这种表演艺术的实践，不仅提升了学生的艺术素养，还培养了他们的团队合作能力。在角色扮演中，学生需要与他人沟通、协调，共同完成表演任务，这无疑是对其合作精神与沟通能力的有效锻炼。同时，戏剧表演也增强了学生的自信心与表现力，为其综合素质的提升奠定了基础。

利用民间故事的情节和主题，可以开展跨学科的教学活动，促进学生在文学、

艺术与社会科学等领域的综合学习。通过将故事中的情节与历史、地理、社会等学科知识相结合，学生能够在多重视角下理解问题，形成更加全面的知识体系。这种跨学科的学习方式，不仅丰富了学生的知识储备，也增强了他们的学习兴趣和主动性。

二、传统礼仪习俗与节庆文化

（一）传统节日习俗

传统节日习俗是中华优秀传统文化的重要组成部分，蕴含着丰富的历史文化内涵。通过对传统节日的研究，学生能够更好地理解这些节日背后的价值观和道德观念。例如，春节的团圆与感恩、端午节的忠诚与爱国精神、中秋节的团聚与思乡情怀等，都是传统节日所承载的深刻内涵。在高校美育教育中，深入探讨这些文化内涵，不仅可以帮助学生加深对传统文化的认知，还能引导他们树立正确的价值观和道德观念。

参与传统节日的庆祝活动是增强学生文化认同感与归属感的重要途径。在高校美育课程中，教师可以组织学生参与春节联欢、端午龙舟赛、中秋赏月等活动，通过亲身体验这些节日的习俗与仪式，学生能够感受到集体活动的乐趣和节日的氛围。这种参与式的学习方式，不仅可以加深学生对传统文化的理解，还能够增强他们对自身文化的认同感和归属感，培养他们的民族自豪感。

在美育教育中，融入传统节日的艺术表现形式，如舞龙舞狮、民间舞蹈等，可以激发学生的创造力与表演能力。这些艺术形式不仅是节日庆祝活动的重要组成部分，也是中华传统文化的艺术瑰宝。通过学习和实践这些艺术表现形式，学生可以提高自身的艺术修养和表现能力，同时在创作过程中，他们也能够感受到传统文化的魅力，激发他们的创新思维和艺术创造力。

利用传统节日的习俗与仪式，能够有效培养学生的团队合作精神和社会责任感。在高校美育教育中，教师可以通过组织学生参与节日活动的策划与实施，让他们在团队合作中体会到集体的力量和合作的重要性。同时，在这些活动中，学生也能够意识到个人在集体中的责任与贡献，培养他们的社会责任感和奉献精神。

（二）礼仪文化内涵

礼仪文化内涵深厚，作为中华优秀传统文化的重要组成部分，具有悠久的历

史和丰富的表现形式。它不仅是社会交往的规范，还是文化传承的重要载体。礼仪文化的基本概念强调在社会交往中的规范作用，通过礼仪的遵循，个体能够在交往中展现出对他人的尊重与理解。这种文化内涵在历史的演进中不断丰富和发展，成为社会生活中不可或缺的部分。礼仪文化在不同的社会背景下，体现出其独特的文化传承功能，促进了社会的和谐与稳定。

传统礼仪的表现形式多样，如拜访、宴请、节庆活动中的礼仪，都是礼仪文化的重要组成部分。这些形式不仅是社会交往的基本礼节，也是文化交流的重要方式。在高校美育教育中，通过对这些礼仪形式的学习，学生能够更好地理解社会交往中的礼节和尊重。礼仪文化的学习能够帮助学生掌握基本的社交技能，提高他们在不同文化背景下的适应能力。此外，礼仪文化的学习还能够增强学生对自身文化的认同感，促进文化自信的培养。

礼仪文化在日常生活中应用广泛，培养学生的礼仪意识与自我修养是高校美育教育的重要任务之一。通过对礼仪文化的学习，学生能够在日常生活中自觉地遵循礼仪规范，提升自身的道德修养和文化素养。礼仪文化的学习不仅有助于学生个人素质的提高，还能够促进其人际关系的和谐。礼仪文化强调的尊重与理解，能够帮助学生在与他人交往中建立良好的关系，增强其社会适应能力。

礼仪教育对学生道德品质的影响深远，通过礼仪文化的学习，学生能够增强社会责任感和对他人的关怀意识。礼仪文化强调的尊重、理解与关怀，是道德品质的重要组成部分。在高校美育教育中，通过礼仪文化的学习，学生能够树立正确的价值观，培养良好的道德品质。礼仪文化的学习不仅是对传统文化的继承，还是对学生道德品质的塑造，促进其全面发展。

（三）家庭与社会礼仪

在中华优秀传统文化中，家庭与社会礼仪是重要的组成部分。家庭礼仪不仅体现了家庭成员之间的互动方式，还反映了一个家庭的文化底蕴和道德观念。在社会交往中，礼仪则是人与人之间沟通的桥梁。通过对家庭与社会礼仪的学习，学生能够更好地理解中华文化的精髓，并在日常生活中实践这些礼仪，提升自身的道德修养和文化素养。

家庭礼仪是道德教育的基础，通过日常生活中的礼仪实践，学生能够潜移默化地培养尊重长辈和关爱家庭成员的意识。例如，在家庭聚会中，学生通过观

察和模仿长辈的行为举止，学习到如何与家人和睦相处。这种教育方式不仅增强了学生的家庭责任感，还促进了他们的道德发展，有助于形成良好的品德和行为习惯。

在社会交往中，礼仪规范是人与人之间相互尊重的体现。通过学习社会礼仪，学生能够理解在不同场合中应遵循的基本礼节，从而在与他人交往时表现出应有的尊重。这种理解和实践不仅提高了学生的社交能力，还增强了他们的文化认同感，使他们在多元文化的背景下更加自信和从容。

礼仪的学习不仅是理论上的理解，更需要在日常生活中进行实际应用。通过家庭与社会礼仪的实践，学生能够在各种社交场合中表现得更加自信和从容。这种自信来自对礼仪规范的熟悉和对自身文化的认同，使他们能够在不同的文化背景下游刃有余地进行沟通和交流。

参与家庭聚会和社会活动是学生实践礼仪的重要途径。在这些活动中，学生不仅能够应用所学的礼仪知识，还能增强团队合作能力和集体意识。通过与他人的互动，他们学习到如何在集体中发挥个人作用，如何与他人协作完成任务。这种实践经验对他们未来的社会生活和职业发展都具有重要意义。

三、传统工艺与民俗文化

（一）手工艺品种类

传统工艺品的分类多种多样，包括陶瓷、刺绣、木雕和竹编等，这些工艺品不仅是艺术作品，也是文化的载体。通过对这些工艺品的学习，学生能够深入了解每一种工艺的独特特点与文化内涵。例如，陶瓷工艺以其精湛的技艺和丰富的历史著称，刺绣则以其细腻的针法和丰富的图案闻名。木雕和竹编则展示了自然材料的巧妙运用和对生活美学的追求。通过这些工艺品的学习，学生不仅可以欣赏到传统文化的深厚底蕴，也能够在实践中感受到动手创造的乐趣。

手工艺的制作过程强调动手能力与创造力的培养。在制作过程中，学生需要亲自动手，从设计到完成每一个细节，这不仅锻炼了他们的动手能力，也激发了他们的艺术表现欲与实践精神。这种实践性强的学习方式，有助于培养学生的创造性思维和解决问题的能力。同时，通过手工艺的制作，学生能够更加深刻地理解传统文化的精髓，体会到手工艺品背后的文化故事与历史演绎。这种体验式学

习方式，使学生在潜移默化中增强了文化认同感。

传统工艺品在高校美育教育中的融入，起到了促进学生对地方文化的认同和对传统技艺的尊重的作用。在现代教育中，传统工艺的教学不仅是技艺的传授，更是文化认同的培养。通过学习地方特色的传统工艺，学生能够更好地理解和尊重自己所在地域的传统文化。这种认同感的培养，有助于增强学生的民族自豪感和文化自信，使他们在全球化的背景下，能够更好地坚持和传播本民族的文化精髓。

通过手工艺品的创作，学生能够体验到传统文化的魅力，增强其文化自信与审美能力。在创作过程中，学生不是在复制传统技艺，而是在与传统对话，进行创新与发展。这种创作过程，不仅是对传统的继承，更是对文化的再创造。学生在创作中体会到的成就感和满足感，极大地增强了他们的文化自信。同时，通过不断的审美实践，学生的审美能力也得到了提升，能够更加敏锐地捕捉艺术作品中的美感。

手工艺品的展览与交流活动，鼓励学生分享创作经验，促进文化的传承与创新。在高校美育教育中，组织手工艺品的展览与交流活动，可以为学生提供一个展示和交流的平台。在这里，学生可以分享自己的创作经验，交流创作心得，互相学习与借鉴。这种互动式的学习方式，不仅促进了学生之间的交流与合作，也激励了他们在传统工艺的基础上进行创新。这种创新不仅是技艺上的突破，也是文化上的传承与发展，为中华优秀传统文化的持续发展注入了新的活力。

（二）民间工艺技艺

民间工艺技艺作为中华优秀传统文化的重要组成部分，蕴含着丰富的文化内涵和历史积淀。它涵盖了广泛的类别，从刺绣、剪纸到陶艺、木雕，每一种技艺都反映了特定地域的文化特征和民族精神。通过对民间工艺技艺的基本概念与分类的学习，学生能够深入了解这些技艺的多样性及其背后的文化价值。这不仅有助于培养学生的文化素养，还能激发他们对传统文化的兴趣和热爱。

在高校美育教育中，民间工艺技艺的实践应用发挥着重要作用。通过动手制作和实践活动，学生能够在亲身体验中提高动手能力和创造力。这种实践教育模式鼓励学生在动手过程中思考和创新，从而培养他们的创新意识和解决问题的能力。此外，通过与传统工艺大师的互动和交流，学生还可以直接感受到传统技艺的魅力与价值，增强对传统文化的理解与认同。

学习民间工艺不仅是技艺的传授，也是文化认同感与自豪感的培养过程。通过深入了解和实践地方特色的民间工艺，学生能够更好地理解和认同自身的文化背景，增强对地方文化的归属感。这种文化认同感不仅体现在对传统技艺的欣赏上，还体现在对地方文化的自豪感上，进而推动学生在全球化背景下的文化自信。

民间工艺技艺的传承与创新是高校美育教育的重要目标之一。在传承过程中，学生不仅要学习传统技艺的技法，还需要理解其背后的文化意义和价值观。这种传承不是简单的复制，而是需要在尊重传统的基础上进行创新，将现代艺术理念融入其中，从而创造出具有时代特色的作品。这种传承与创新的结合，有助于培养学生对传统文化的尊重与现代艺术的融合意识。

（三）地方特色民俗

地方特色民俗作为中华优秀传统文化的重要组成部分，承载着丰富的历史和文化内涵。地方特色民俗不仅是地域文化的象征，也是传承文化的重要载体。通过对地方特色民俗的了解和实践，学生能够更深入地理解本土文化的独特性，增强其文化认同感。这种认同感对于培养学生的民族自豪感和文化自信心具有不可替代的作用。地方特色民俗的多样性和独特性，使其在美育教育中扮演着重要的角色。

通过参与地方特色民俗活动，学生不仅能够学习到传统文化的精髓，还能培养动手能力与创造力。例如，制作传统手工艺品或参与民俗舞蹈表演，学生在动手实践中体验到创造的乐趣，并激发他们对传统文化的兴趣。这种实践活动不仅丰富了学生的课外生活，也增强了他们的艺术表现力和文化体验能力。地方特色民俗的学习过程，是学生与传统文化进行深度对话的过程，使他们对文化的理解不再停留于表面，而是深入内心。

地方特色民俗在美育教育中的表现形式多种多样，如传统舞蹈、手工艺等，这些活动为学生提供了丰富的文化体验和艺术表现的机会。在参与这些活动的过程中，学生不仅能够提升自己的艺术修养，还能增强对传统文化的欣赏能力。这种参与式学习方式，使学生在实践中感受文化的魅力，培养他们的审美能力和艺术创造力。同时，这些活动也为学生提供了一个展示自我的平台，增强他们的自信心和表达能力。

地方特色民俗的节庆活动参与，是增强学生团队合作精神和社会责任感的重

要途径。在这些活动中，学生需要与他人密切合作，共同完成任务，这不仅锻炼了他们的团队合作能力，也培养了他们的社会责任感。这种集体参与的形式，有助于学生综合素质的提升，使他们在活动中学会沟通与协作，理解与包容。这种素质的培养，对于学生未来的成长和发展具有重要意义。

地方特色民俗的研究与交流，帮助学生理解多元文化的价值，培养他们的全球视野与文化包容性。通过对地方特色民俗的深入研究，学生能够认识到不同文化之间的差异与共性，从而培养其文化包容性和开放的心态。这种研究与交流，不仅拓宽了学生的国际视野，还提升了他们的跨文化交际能力，使他们能够更好地适应全球化背景下的多元文化环境。

第三节　中华优秀传统文化的美学意义

一、中华优秀传统文化对现代美学的影响

（一）传统美学观念的传承

传统美学观念的传承在现代教育中具有重要的意义。中华优秀传统文化中的美学思想，特别是强调人与自然的和谐关系，深刻影响着现代美学的教学实践。通过学习传统美学观念，学生可以培养对自然美的感知与尊重。在艺术创作中，他们不仅追求形式上的平衡与和谐，更重视内心的宁静与平衡。这种对自然的敬畏和欣赏，使学生在面对现代社会的快速变化时，能够保持一种内在的审美稳定性，从而在艺术创作中表现出更为深刻的思想与情感。

在传统美学中，“中庸”与“和谐”是核心理念。这些理念引导学生在审美过程中追求内心的宁静与平衡。通过对这些传统观念的学习，学生能够增强对美的深层次理解。这不仅体现在他们对艺术作品的欣赏上，还影响到他们的生活态度和价值观。通过对这些观念的内化，学生能够在纷繁复杂的世界中找到自己的审美立场，形成独特的审美视角，从而提升其艺术鉴赏能力和审美情趣。

通过对传统艺术形式的学习，学生能够体会到艺术作品中的情感与思想。这

种学习不仅限于技法的掌握，还包括对艺术作品背后深厚文化内涵的理解。传统艺术形式如书法、国画、戏曲等，蕴含着丰富的人文情怀和哲学思考，学生在学习这些艺术形式的过程中，能够感受到其中的情感表达和思想深度。这种体验过程，极大地提升了学生的艺术鉴赏能力和审美情趣，使他们在面对现代艺术作品时，能够以更为开阔的视野和更为深刻的理解进行欣赏和评价。

参与传统节庆活动的艺术表现，是学生理解与欣赏地方文化的重要途径。这些活动不仅展示了地方文化的独特魅力，也为学生提供了亲身体验的机会。在这些活动中，学生通过参与和观察，能够更深入地理解地方文化的内涵和价值。这种体验不仅丰富了他们的审美视野，也促进了他们对多样性文化的欣赏和尊重。通过这种多样性体验，学生能够在艺术创作中融入不同文化的元素，提升其创作的丰富性和多样性。

（二）现代艺术中的传统元素

艺术家通过将传统文化元素融入现代艺术作品中，实现了对传统技艺的再创造。这种融合不仅展现出新的艺术风格与表现形式，还为现代艺术注入了深厚的文化内涵。传统元素的融入使现代艺术作品在视觉上更具吸引力，同时也为观众提供了一种文化上的共鸣体验。通过这种方式，艺术家不仅传承了中华优秀传统文化，还在全球化背景下推动了文化的创新与发展。

在现代艺术展览中，传统艺术形式与当代艺术的结合形成了跨界合作的新模式。这种跨界合作不仅吸引了更多观众的关注与参与，也为传统与现代之间搭建了沟通的桥梁。通过展览，观众能够在欣赏现代艺术作品的同时，感受到传统文化的魅力。这种体验不仅丰富了观众的文化视野，还提升了他们对传统文化的认同感。现代艺术展览因此成为传统文化传播的重要平台，为中华优秀传统文化的传承与创新提供了新的路径。

在现代设计中，传统图案与符号的应用增强了作品的文化深度与历史感。这些元素的使用不仅提升了观众的文化认同与欣赏，还使作品更具历史厚重感。设计师通过对传统图案的创新应用，创造出具有时代感的设计作品。这种设计理念不仅促进了传统文化的现代化转型，也为现代设计注入了新的活力。观众在欣赏这些作品时，不仅能够感受到现代设计的创新魅力，还能体验到传统文化的深厚底蕴。

通过对传统美学理念的应用，现代艺术创作强调人与自然的和谐。这种理念推动了可持续发展的艺术实践，为现代艺术创作提供了新的方向。艺术家在创作中注重自然元素的运用，通过艺术作品表达对自然的敬畏与热爱。这种创作理念不仅符合现代社会对可持续发展的追求，也为艺术创作开辟了新的空间。观众在欣赏这些作品时，能够感受到艺术家对自然的关注与思考，从而引发对人与自然关系的深刻反思。

（三）文化自信与美学创新

在当代社会，文化自信与美学创新成为高校美育教育的重要议题。中华优秀传统文化，以其深厚的美学理念和丰富的文化内涵，为现代美学的发展提供了重要的启示。在高校美育教育中，文化自信不仅是学生个体自我认同的基础，也是他们在艺术创作中追求创新与突破的动力源泉。通过对传统文化的深入理解，学生能够在艺术实践中自觉地融合传统与现代元素，形成具有时代特色的艺术作品。这种文化自信的建立，不仅提升了学生的审美能力，也增强了他们在艺术创作中的创新能力和自我表达。

中华优秀传统文化的美学理念在高校美育教育中扮演着重要的角色。其丰富的创作灵感激励着学生在艺术创作中大胆尝试，将传统与现代元素相结合，探索出独特的艺术风格。通过对传统美学观念的学习，学生能够在艺术实践中实现个人风格的探索与确立。高校美育教育中融入这些美学元素，不仅丰富了学生的艺术视野，还促进了他们对传统艺术的理解与欣赏。这种对传统美学的学习与实践，帮助学生在艺术创作中找到自我，增强了他们的创新能力。

文化自信的建立，使学生在艺术创作中自觉地传承和弘扬中华优秀传统文化。通过对传统文化的学习与实践，学生在艺术创作中形成了独特的艺术视角与风格。这种自信不仅体现在对传统文化的认同上，更表现在他们在艺术创作中对传统元素的创新运用。高校美育教育通过融入中华优秀传统文化的美学元素，帮助学生在艺术创作中找到自我，增强了他们的创新能力和自我表达。这种文化自信的培养，为学生在艺术创作中提供了坚实的基础。

高校美育教育中融入中华优秀传统文化的美学元素，能够有效提升学生的审美能力。这种教育模式不仅促进了学生对传统艺术的理解与欣赏，还推动了高校美育教育的多样化发展。通过对传统文化的学习，学生在艺术创作中逐渐形成了

跨文化的交流能力与创新思维。传统文化与现代艺术的结合，不仅丰富了学生的艺术创作方式，也为他们提供了广阔的创作空间。这种教育模式的创新，为高校美育教育的发展提供了新的动力。

二、中华优秀传统文化与艺术形式的关系

（一）传统绘画与书法

传统绘画与书法作为中华优秀传统文化的重要组成部分，不仅是艺术形式的体现，还是文化内涵的深刻表达。传统绘画以其浓厚的文化底蕴和独特的艺术风格，展现了中华民族的精神追求和审美理想。书法则通过线条的变化和墨色的浓淡，传递出文字背后的文化意蕴和哲学思考。这些艺术形式在美育教育中，能够帮助学生深入理解中华文化的博大精深，感受艺术创作的无穷魅力。

在学习传统绘画与书法的过程中，学生需要掌握基本的技法与特点，这些技法包括笔法、墨法、章法等，都是艺术创作的基础与核心要素。通过对这些技法的学习，学生能够理解艺术创作中的构图、线条、色彩等基本元素，培养他们的艺术感知能力。同时，这些技法也体现了中华文化中的精细与严谨，帮助学生在实践中体会到艺术创作的严肃性和创造性。

传统绘画与书法的学习过程，要求学生具备高度的细致观察能力和敏锐的审美意识。在绘画中，学生需要观察自然界的细微变化，捕捉瞬间的美感；在书法中，学生则需要体会字形结构的变化和墨色的层次感。这种观察与审美的训练，不仅提高了学生的艺术鉴赏能力，也培养了他们发现美、欣赏美的能力，使他们在日常生活中能够更好地感受和表达美。

在高校美育教育中，传统绘画与书法的学习能够有效地促进学生的文化认同感与自豪感。通过对这些传统艺术形式的学习，学生能够更深入地了解中华文化的历史背景和发展演进，增强对自身文化的认同感。同时，掌握这些传统技艺也使学生感到自豪，因为他们能够在全球化的语境中，展示和传承中华文化的独特魅力，增强文化自信。

实践活动是传统绘画与书法学习的重要环节，通过参与这些活动，学生可以提升动手能力与创造力。在实践中，学生不仅要运用所学的技法，还需要发挥创造力进行艺术创作，这种过程是对他们综合能力的全面考验。通过动手实践，学

和职业生涯中，作出更为理智和审慎的决策。

传统节庆活动是体验和谐文化氛围的良好平台。在参与这些活动的过程中，学生能够亲身感受到和谐美的价值，并增强对和谐美的认同感与实践能力。通过这种沉浸式的体验，学生不仅能够加深对中华优秀传统文化的理解，还能够在实践中提升自身的审美素养。这种认同感的增强，有助于学生在日常生活中自觉践行和谐美的理念，成为和谐文化的传播者和实践者。

和谐美的追求也在很大程度上促进了学生的情感表达与交流。通过艺术创作，学生可以更好地表达内心的情感，并在创作过程中注重和谐与平衡的能力。这种能力的培养，不仅提升了学生的艺术素养，还增强了他们的人际交往能力。在高校美育教育中，强调对和谐美的追求，有助于培养学生的综合素质，使他们在未来的社会生活中，能够更好地适应和融入多元文化环境。

（二）自然美的欣赏

自然美是中华优秀传统文化中的重要组成部分，其定义不仅限于自然景观的视觉享受，还强调自然景观与人文精神的深度结合。在中国传统文化中，自然美常被视为人与自然和谐共生的体现。这种美学观念强调自然界的和谐、宁静与永恒，认为自然界的一草一木皆有其独特的美学价值。自然美的欣赏不仅是对自然风光的赞叹，更是对人与自然关系的深刻理解，体现了古人对自然的尊重与热爱。

在传统艺术形式中，山水画是自然美的典型代表，通过艺术手法将自然景观转化为视觉艺术作品。山水画不仅表现了自然景观的壮丽与秀美，还通过笔墨的运用展现出自然的神韵与灵动。通过欣赏山水画，学生可以培养对自然美的感知能力，提升其审美水平。这种艺术形式不仅是视觉的享受，更是精神的陶冶，使学生在欣赏自然美的同时，领悟到艺术创作中蕴含的哲学思考与文化底蕴。

自然美在古代诗词中也有着丰富的表现。诗人通过语言的艺术化描绘，将自然景观转化为文字的艺术，激发读者对自然的情感共鸣。这种情感的共鸣不仅源于对自然景观的描绘，还在于诗人通过文字传达出的内心感受与哲学思考。通过对诗词的学习，学生能够体会到自然美的多层次内涵，培养其对自然的敏感性与欣赏能力。这种诗意的自然美不仅是视觉的，还兼具听觉与心灵的共鸣。

在高校美育教育中，自然美的欣赏可以通过户外写生活动得以实现。通过组织学生走出课堂，亲身感受自然的魅力，学生能够在实践中增强对自然美的直接感知与理解。户外写生活动不仅是对自然景观的观察，也是对自然美的体验与思考。这种教育方式能够激发学生的创造力与想象力，使其在实践中领悟到自然美的真谛，提升其综合素养。

（三）人文美的体现

在人文美的体现中，中华优秀传统文化以其深厚的历史积淀和丰富的文化内涵，展现了独特的审美价值观。人文美不仅是外在形式的美丽，还是内在精神的升华。它通过文学作品、艺术形式、传统节庆、社会交往以及教育环境等多方面的表现，深刻影响着人们的思想情感和行为方式。通过对人文美的探讨，可以更好地理解中华文化的核心精神，增强文化自信。

文学作品是人文美的重要载体，经典文学作品中蕴含的深刻思想和情感表达，能够引导学生深入理解人文精神的精髓。在高校美育教育中，通过对古代诗词、散文、戏曲等经典文学作品的学习，学生不仅能够欣赏文字之美，更能体会到作品中所传达的道德观念、人生哲理和社会关怀。这种学习过程，不仅促进了学生的情感共鸣，还培养了他们的审美能力和文化素养，使其在潜移默化中受到传统文化的熏陶，增强对人文精神的认同感。

传统艺术形式如书法、绘画、音乐、舞蹈等，是中华文化的重要组成部分，这些艺术形式不仅展现了形式美，更蕴含了丰富的人文情怀和社会价值。在高校美育教育中，通过欣赏和实践这些传统艺术，学生能够感受到艺术作品中所传达的思想情感和社会责任，从而引发对艺术与生活关系的思考。这样的教育方式，不仅提升了学生的艺术修养，还激发了他们对传统文化的热爱和对社会责任的担当意识。

传统节庆活动如春节、端午、中秋等，承载着丰富的文化内涵和人文精神。在高校美育教育中，通过组织和参与这些节庆活动，学生可以深入体验传统文化的魅力，增强对文化传承的认识。这些活动不仅让学生感受到节庆的欢乐氛围，更使他们理解节庆背后蕴含的传统美德和人文精神，如团结、孝道、诚信等。这种实践活动，激发了学生对传统文化的尊重和理解，增强了他们的文化认同感和民族自豪感。

礼仪文化是人文美的重要体现，它强调人与人之间的尊重与关怀。在高校美育教育中，通过对礼仪文化的学习，学生能够掌握基本的社交礼仪和行为规范，这不仅有助于提升其个人修养，还促进了和谐的人际关系。礼仪文化的学习，使学生在交往中更加注重他人的感受，增强了其同理心和责任感，从而在日常生活和社会交往中，更好地践行人文美的理念，营造和谐美好的社会环境。

第二章　高校美育教育的基本理论

第一节　高校美育教育概述

一、高校美育教育的定义与内涵

（一）美育教育的定义

在高校教育体系中，美育教育是一种通过艺术与美的体验来培养学生的审美能力与人文素养的教育活动。美育教育通过多样化的艺术形式和美学体验，帮助学生在情感与理性之间建立桥梁，促进其综合素质的全面提升。艺术不仅是一种技能的传授，也是一种心灵的感悟与情感的表达。在这一过程中，学生不仅掌握艺术技巧，更重要的是，他们的内心世界得以丰富，情感表达得以自由，这种教育方式强调了情感与理性相结合的独特价值。

美育教育在高校中的意义不仅限于个人审美能力的提升，它还在于促进学生对中华优秀传统文化的理解与认同。通过美育教育，学生能够更深入地接触并感受传统文化的魅力，从而增强文化自信。这种文化自信不仅体现在对本民族文化的认同与自豪上，还表现在承担社会责任感的增强。美育教育通过艺术活动激发学生的创造力与想象力，使其在未来的社会生活中，能够以更开放的视野和创新的思维面对挑战，为社会的发展贡献力量。

美育教育的独特之处在于其强调个体内心世界的丰富与情感表达的自由。不同于其他以知识传授为主的教育形式，美育教育更加关注学生的情感体验与

心灵成长。通过对艺术作品的欣赏与参与，学生能够在审美中获得情感的共鸣与心灵的净化。这种体验不仅提升了学生的审美能力，也培养了他们的审美判断力和艺术鉴赏力，使其在面对复杂多变的社会环境时，能够保持理性与感性的平衡。

在高校美育教育中，艺术技能的培养与学生个体内心世界的丰富是相辅相成的。美育教育不仅是技能的传授，也是心灵的塑造。通过美育教育，学生能够在艺术的世界中探索自我、发现自我，并在这一过程中，培养出独特的艺术视角与人文情怀。这种教育方式不仅促进了学生个体的全面发展，也为高校教育注入了新的活力与生机。

（二）美育教育的内涵

美育教育的内涵不仅局限于艺术欣赏和创造的层面，也是一种通过艺术形式激发学生创造力的教育方式。通过美育教育，学生能够在学习和生活中探索自我表达的方式，这种探索不仅有助于个人的成长，还能在一定程度上促进社会的文化多样性。创造力的激发是美育教育的核心目标之一，它通过丰富多样的艺术形式，如音乐、绘画、戏剧等，鼓励学生跳出传统思维框架，培养他们的创新思维能力。在这个过程中，学生不仅发展了艺术技能，还增强了对自身潜力的认知，从而在未来的学习和职业生涯中更具竞争力。

美育教育的另一个重要内涵是促进学生对美的感知与理解。通过系统的美育课程，学生能够在日常生活中发现和欣赏美的存在。这种对美的敏感不仅提升了他们的审美能力，还培养了他们的观察力和细致入微的分析能力。美育教育通过引导学生欣赏自然美、艺术美和社会美，使他们在面对复杂的社会问题时，能够以更加全面和多元的视角进行思考和判断。这种能力的培养对于学生在现代社会中的生存和发展具有重要意义，因为它帮助他们在纷繁复杂的世界中找到平衡与和谐。

跨学科融合是美育教育的另一个显著特征，它鼓励学生将艺术与科学、文学等其他领域的知识结合，拓宽思维视野。通过这种跨学科的学习方式，学生能够在不同的知识领域之间建立联系，形成综合的认知结构。这不仅有助于他们在学术研究中取得突破，也为他们在实际问题的解决中提供了多样化的方法和工具。美育教育通过这种跨学科的融合，培养学生的综合素养，使他们在面对复杂的现

实问题时，能够灵活运用多种知识和技能进行分析和解决。

美育教育还强调培养学生的情感共鸣能力，使他们在与他人的互动中能够更好地理解和尊重不同文化与价值观。这种能力的培养对于现代社会的和谐发展至关重要，因为它促进了不同文化之间的交流与融合。在美育教育中，学生通过参与艺术活动，体验不同文化背景下的艺术表现形式，从而增强对多样性和包容性的理解。

二、高校美育教育的基本特征

（一）综合性

高校美育教育的综合性体现在其多元艺术形式的融合。通过音乐、舞蹈、戏剧、绘画等多种艺术形式的结合，学生的审美体验得以丰富。这种融合不是艺术形式的简单叠加，而是通过多样化的艺术教育活动，让学生在不同的艺术领域中感受到美的多样性和深度。比如，音乐与舞蹈的结合可以让学生在节奏和律动中体会到艺术的和谐美，戏剧与绘画的结合则可以通过视觉和表演的互动，激发学生的创造力和想象力。这样的多元融合，能够有效地提升学生的综合审美能力。

美育教育在高校中通过引入中华优秀传统文化元素，进一步增强学生对本土文化的认同感和自豪感。书法、国画、传统音乐等是中华文化的瑰宝，将这些元素融入美育课程，可以让学生在学习过程中感受到中华文化的博大精深。例如，通过书法练习，学生可以领悟到汉字的形态美和内涵美，国画则让他们在笔墨丹青中感受到自然与人生的哲学思考。传统音乐的欣赏与演奏，则让学生在音律中体验到文化的传承与创新，这些都能激发学生对中华文化的热爱与自豪。

综合性美育教育还注重跨学科的学习，鼓励学生将艺术与社会科学、自然科学等领域的知识相结合，促进全面发展。通过跨学科的学习，学生能够在不同领域中找到艺术的影子，理解艺术与科学之间的联系。例如，在学习自然科学时，学生可以通过观察自然界的形态和色彩，理解绘画中的构图和色彩搭配；在社会科学中，戏剧表演可以帮助学生理解历史事件和社会现象。这种跨学科的学习方式，不仅拓宽了学生的知识面，也培养了他们的综合思维能力。

高校美育教育强调实践与理论的结合，通过参与艺术创作和欣赏活动，提升

学生的审美能力和人文素养。理论学习可以让学生掌握艺术的基本知识，而实践活动则让他们在动手操作中加深理解。比如，学生在参与一场戏剧表演时，不仅需要理解剧本的内涵，还需要通过排练和表演提升自己的表达能力和团队合作精神。艺术创作的过程，是学生将理论知识转化为实际能力的过程，这种结合能够有效地提升学生的综合素养。

（二）创造性

在高校美育教育中，创造性是一个核心特征。通过中华优秀传统文化的艺术形式，学生的创新思维得以激发。他们在艺术创作中融入传统元素，逐步形成独特的个人风格。这种创作过程不仅是对传统文化的传承，更是对其的再造与创新。学生在学习过程中，通过对传统文化的深入理解和现代元素的融合，能够创造出符合当代审美的艺术作品。这种创造性不仅体现在作品的外观和形式上，更在于作品内涵的深度和广度，反映出学生对文化的理解和对艺术的追求。

美育教育通过鼓励学生在学习传统文化的过程中，探索与现代生活的结合点，培养他们的创新能力。学生在这一过程中，能够发现中华优秀传统文化中蕴藏的无穷魅力，并通过现代艺术的表现手法，将这种魅力展现给更广泛的观众。高校为美育教育提供了一个平台，让学生在艺术创作中自由发挥，探索传统与现代的交会点。这种探索不仅丰富了学生的艺术视野，也为他们的创新实践提供了丰富的素材和灵感来源。

通过对中华优秀传统文化内涵的学习，学生的批判性思维能力得以培养。他们在欣赏艺术的同时，能够进行深入的文化反思与分析。这种批判性思维能力的培养，使学生在面对多元文化时，能够保持清醒的头脑和独立的判断。高校美育教育通过这种方式，帮助学生在艺术欣赏和创作中，不仅能看到作品的表面美感，更能理解其背后的文化意义和价值。这种深入的文化反思能力，对于学生的全面发展和艺术修养的提升，具有重要的推动作用。

高校美育教育还注重创造性实践，鼓励学生通过参与传统艺术活动，如书法、国画等，培养他们的动手能力和艺术表现力。这些实践活动不仅是对传统技艺的学习和传承，也是对学生创造力的激发和锻炼。学生在实践中，能够将理论知识与实际操作相结合，提升自身的艺术表现力。这种动手能力的培养，不仅有助于

学生在艺术领域的发展，也对他们在其他领域的创新实践，提供了有力的支持和保障。

美育教育也强调学生在传统文化学习中进行跨文化的对话与交流，激发他们的全球视野与创新意识。通过这种跨文化的交流，学生能够更好地理解和欣赏不同文化的独特之处，培养开放的心态和包容的态度。这种全球视野的培养，使学生在面对全球化挑战时，能够以更加开放和创新的方式进行思考和应对。

（三）人文性

高校美育教育的人文性体现在其通过中华优秀传统文化的引导，增强学生的人文关怀意识，培养他们对社会和他人的责任感。中华优秀传统文化中蕴含着丰富的伦理道德观念，这些观念在美育教育中被强调，使学生在艺术欣赏与创作过程中逐步形成正确的世界观、人生观与价值观。通过这种教育方式，学生不仅能够欣赏艺术之美，还能在潜移默化中提升自身的道德素养，增强对他人的理解与同情心，从而在未来的社会生活中承担起更多的责任。

美育教育通过对传统文化的学习与体验，促进学生对人类共同情感与文化的理解，增强他们的文化认同感。在全球化的背景下，文化认同成为个体与群体间的重要纽带。高校美育教育通过引导学生深入理解和体验传统文化，让他们在文化的传承与创新中找到自我认同的根基。这样的教育不仅促进学生对本民族文化的认同，也培养他们对其他文化的包容与尊重，有助于学生在多元文化的环境中健康成长。

高校美育教育鼓励学生在艺术创作中融入人文思考，使他们在表达个人情感的同时，关注社会现实与人类命运。这种教育不仅是艺术技巧的传授，也是对学生思维深度与广度的培养。通过艺术创作，学生能够将个人的内心体验与社会的广泛议题相结合，激发他们对社会现象的思考与批判，培养其社会责任感和使命感。这种人文性的培养，使学生在艺术创作中不仅关注美的表现，更关注其所传达的深刻内涵与社会意义。

三、高校美育教育的核心价值

（一）文化传承价值

高校美育教育在文化传承中扮演着至关重要的角色。通过中华优秀传统文化

的传承，教育不仅增强了学生对民族文化的认同感与自豪感，还在潜移默化中培养了其文化自信。中华优秀传统文化以其深厚的历史积淀和丰富的内涵，为美育教育提供了取之不尽的资源。通过对传统文化的学习与实践，学生不仅能够加深对自身文化的理解，还能在全球化的语境中，形成对多元文化的尊重和包容态度。这种文化认同感和自豪感的培养，对于学生未来在国际舞台上展现中华文化的魅力具有重要意义。

艺术教育是高校美育教育中弘扬中华优秀传统文化的重要途径。通过艺术教育，学生不仅能够欣赏和理解传统艺术的美，还能在创作中融入传统文化元素，培养文化自信与社会责任感。艺术教育以其独特的形式和内容，激发学生的创造力和想象力，使其在艺术实践中感受到中华文化的博大精深。同时，艺术教育也为学生提供了一个表达自我和探索世界的平台，使他们在美的享受中提升个人修养和社会责任感。

美育教育通过传统文化元素的运用，丰富了学生的审美体验，促进其全面素质的提升。传统文化中的音乐、舞蹈、书法、绘画等艺术形式，都是美育教育的重要载体。这些艺术形式不仅能够提升学生的艺术鉴赏能力，还能在实践中培养其动手能力和创造力。通过参与这些艺术活动，学生能够在潜移默化中提高审美情趣，增强对美的感知和理解，从而在日常生活中形成良好的审美习惯和审美标准。

在美育教育中，传统文化的学习与实践有助于学生理解和尊重多元文化，增强人文关怀意识。中华优秀传统文化以其包容性和开放性，为学生提供了多元文化交流与融合的机会。通过对传统文化的学习，学生能够更好地理解不同文化的价值观和生活方式，从而在与他人交流中表现出更强的人文关怀意识。这种意识的培养，不仅有助于学生自身的成长，也为社会的和谐发展贡献了力量。

（二）人格塑造价值

高校美育教育在塑造学生人格方面具有重要的价值。通过中华优秀传统文化的学习，学生能够树立正确的世界观、人生观和价值观，从而促进人格的全面发展。中华优秀传统文化蕴含着丰富的哲学思想和道德规范，这些内容在高校美育教育中被有效地融入课程体系，帮助学生在学习过程中逐步形成对人生意义的深刻理解。通过对儒家思想、道家智慧等传统文化精髓的学习，学生能够更好地认

识自我，明确人生目标，提升自我修养，实现人格的全面提升。

参与传统艺术创作活动是高校美育教育的重要组成部分，这一过程能够显著培养学生的自律性和责任感，从而增强其人格魅力。在艺术创作中，学生需要投入大量的时间与精力，这不仅锻炼了他们的毅力和耐心，也培养了他们对作品的责任感。通过参与书法、绘画、音乐等传统艺术活动，学生在创作过程中体验到艺术的魅力，并在不断的实践中提升自我，培养出更加成熟和有魅力的人格特质。

美育教育通过对传统文化的理解与体验，能够有效提升学生的同理心和人际交往能力，促进其社会适应能力。中华优秀传统文化中蕴含的“仁爱”“和谐”等理念在美育教育中被广泛应用，使学生在学习过程中逐渐形成对他人的关爱和理解。通过对传统文化故事、艺术作品的学习，学生能够更好地理解他人的情感与需求，提升自身的同理心。同时，在艺术活动中，学生通过合作与交流，增强了人际交往能力，为其未来的社会生活打下坚实基础。

通过中华优秀传统文化的熏陶，高校美育教育能够激发学生的道德意识，使其在艺术欣赏与创作中关注社会公义与伦理责任。传统文化中许多经典作品都蕴含着深刻的道德教育意义，学生在欣赏这些作品时，不仅能够感受到艺术的美，还能体会到其中传递的道德价值。在艺术创作中，学生通过反思社会现象，关注社会问题，逐渐形成对社会公义的责任感，并在作品中表达对公平、正义的追求，体现出深厚的道德意识。

美育教育鼓励学生在传统文化的框架下进行自我探索与反思，促进其个体性格的塑造与心理健康的提升。通过对传统文化的学习，学生能够在不断的自我反思中认识到自身的优缺点，并在此基础上进行积极的自我调整与完善。艺术活动为学生提供了一个自由表达和探索自我的平台，使他们能够在创作中释放情感、舒缓压力，促进心理健康的发展。

（三）审美能力提升价值

高校美育教育在提升学生审美能力方面具有重要的价值。通过学习传统艺术形式，学生能够提高对美的敏感性，更好地欣赏和理解不同艺术作品的美学价值。传统艺术形式如书法、国画、戏曲等，不仅是中华文化的瑰宝，也是审美教育的重要载体。在这些艺术形式的学习过程中，学生不仅能够感受到艺术

作品中蕴含的美感，还能体会到其中蕴含的深厚文化内涵。这种美的感知能力的提升，使学生在面对多样化的艺术表现时，能够更为敏锐地捕捉到作品的美学精髓。

美育教育的重要目标是培养学生的审美判断能力。通过参与丰富多彩的传统文化活动，学生可以在实践中锻炼自己的审美眼光，形成独立的评价标准。这种能力的培养不仅限于艺术作品的欣赏，还能够帮助学生在日常生活中辨别和选择美的事物。在多元文化背景下，学生的审美判断力尤为重要，它帮助他们在面对不同文化的艺术表现时，能够理性地分析和评价，从而形成自己独特的审美观念。

在高校美育教育中，中华优秀传统文化的元素扮演着关键角色。这些元素不仅丰富了美育教育的内容，也促进了学生对美的多元理解。通过对传统文化的学习，学生能够在不同文化背景下发现和欣赏美的共性。这种对美的多元理解，不仅有助于学生在全球化背景下更好地与他人沟通和交流，也增强了他们对自身文化的认同感和自豪感。高校美育教育因此成为学生跨文化交流的重要桥梁。

传统艺术创作实践是高校美育教育中的重要环节，它极大地增强了学生的审美表现力。在艺术创作的过程中，学生有机会将自己对美的理解和感受通过作品表达出来。这种实践不仅提高了他们的艺术技能，也增强了他们在艺术创作中表达个人审美观点与情感的自信心。通过不断的创作实践，学生逐渐形成了自己的艺术风格，并在此过程中体验到创造的乐趣和成就感。

四、高校美育教育在教育体系中的定位

（一）美育教育在高等教育体系中的位置

作为高等教育的重要组成部分，美育教育不仅是艺术技能的培养，还是学生全面素质提升的关键环节。通过美育教育，学生不仅可以提高自身的艺术鉴赏能力，还能在综合能力的培养中受益。美育教育强调学生的全面素质提升，旨在促进其综合能力的发展。这种教育不再是局限于艺术专业的学生，而是面向所有学科的学生，强调跨学科的交流与合作，拓宽学生的视野与思维方式。

美育教育承担着文化传承的使命，通过中华优秀传统文化的引导，增强学生

的文化认同感。在高等教育体系中，美育教育不仅是传授艺术知识的过程，更是文化认同与文化自信的培养过程。通过对中华优秀传统文化的学习与理解，学生能够更好地理解自己所处的文化背景，增强对自身文化的认同感。这种文化认同感的增强，不仅有助于学生在全球化背景下保持文化自信，也为中华文化的传承与发展提供了坚实的基础。

美育教育为学生提供了一个多元化的学习平台，鼓励跨学科的交流与合作。不同学科的学生在美育教育中可以通过艺术创作与欣赏活动进行互动与合作，形成多元化的学习氛围。这种多元化的学习环境，不仅能够拓宽学生的视野与思维方式，还能促进学生之间的相互理解与合作能力的提升。在这样的平台上，学生不仅能学习艺术知识，还能通过艺术活动的参与，提升自身的审美能力和人文素养。

美育教育在高等教育中注重实践与理论的结合。通过艺术创作与欣赏活动，学生能够将理论知识应用于实践，提高自身的审美能力和人文素养。这种理论与实践相结合的教育方式，不仅能够提升学生的艺术鉴赏能力，还能培养其批判性思维和创造力。通过参与艺术创作活动，学生能够更好地理解艺术作品的内涵，提升自身的艺术修养和文化素养。

（二）美育教育对高校人才培养的作用

在高校人才培养中，美育教育不仅丰富了学生的文化素养，还为他们在全球化背景下理解和融入不同文化环境提供了基础。通过学习中华优秀传统文化，学生能够更好地掌握文化多样性的重要性。这种文化素养的提升，不仅有助于学生在国际交流中展示出色的文化理解能力，也使他们在多元文化的职场中更加游刃有余。此外，美育教育还为学生提供了一个深入了解自己文化根源的机会，这对他们的个人成长和社会责任感的培养具有深远影响。

美育教育的另一个重要作用在于促进学生的创新能力。通过接触和学习传统艺术，学生被鼓励在创作中探索新的形式和表达方式。这种探索精神不仅推动了个人艺术风格的形成，也为学生在其他学科领域的创新思维奠定了基础。艺术创作的过程要求学生打破常规，勇于尝试，这种能力在现代社会中尤为重要，因为它能帮助学生在快速变化的环境中保持竞争力。此外，美育教育中的创新实践还可以激发学生的好奇心和求知欲，使他们在学习过程中始终保持积

极的探索态度。

团队协作能力的培养也是美育教育的重要成果。通过参与各种集体艺术项目，学生不仅能够提升自己的艺术技能，还能增强沟通与合作的意识与能力。这些项目通常需要学生在不同角色之间进行协调，学会倾听和尊重他人的意见，从而在共同目标的实现过程中培养团队精神。这样的经验对学生未来的职业生涯大有裨益，因为现代职场越来越强调团队合作的价值。通过美育教育，学生能够在实践中体会到协作的力量，为他们日后的职业发展做好准备。

美育教育还通过丰富多样的艺术实践活动，帮助学生提升自信心。在这些活动中，学生有机会在艺术表现中展现自我，表达情感。这不仅增强了他们的自我认同感，也提高了他们在公众场合表现的自信心。艺术实践的过程需要学生不断尝试和突破自我，这种经历能让他们在面对挑战时更加从容和坚定。此外，艺术表现中的自我表达能力也能帮助学生在其他领域中更有效地沟通和表达自己的观点。

美育教育在培养学生批判性思维能力方面也发挥了重要作用。通过欣赏和创作艺术作品，学生被引导进行深度思考与文化反思。这种思维训练促使学生在面对复杂问题时能进行多角度分析，提出独特见解。艺术教育中的批判性思维培养，不仅提升了学生的学术能力，也增强了他们的社会责任感，使他们在未来能够以更全面的视角看待世界。

第二节　高校美育教育的目标解读

一、培养审美感知与鉴赏能力

（一）审美感知的培养方法

在高校美育教育中，审美感知的培养方法是提升学生审美能力的关键环节。通过多样化的艺术欣赏活动，学生可以在实际体验中增强对艺术作品的感知能力。组织音乐、舞蹈、戏剧等表演活动，不仅可以丰富学生的艺术体验，还能激发他

们的情感共鸣和创造力。在参与这些活动的过程中，学生不仅是被动的观众，更是积极的参与者，他们通过亲身感受艺术表现的细节，逐步提高对美的理解和鉴赏能力。这种方法不仅有助于学生在艺术领域获得更深刻的体验，也为他们提供了一个探索自我、表达自我的平台。

引导学生进行传统艺术形式的实践，如书法和国画，是培养细致观察能力和对美的敏感度的重要途径。在实际操作中，学生需要专注于每一个细节，从而提高他们的观察力和专注力。书法和国画不仅是中华优秀传统文化的重要组成部分，也是培养学生审美能力的有效工具。通过对这些艺术形式的学习，学生可以更好地理解传统文化的内涵，提升自身的文化素养和审美水平。这种实践活动不仅能增强学生的动手能力，还能培养他们的耐心和细致，使其在日常生活中更容易发现和欣赏美。

跨学科的艺术课程是将美育与文学、历史等学科相结合的一种创新教育方式。这种课程设计旨在通过多学科的视角，帮助学生在多元文化背景下提升审美鉴赏力。通过文学作品与艺术作品的对比分析，学生可以更全面地理解艺术的多样性和复杂性。同时，历史学科的引入可以帮助学生理解艺术作品背后的文化背景和历史演进，从而加深他们对艺术的理解和欣赏。这种跨学科的学习方式不仅丰富了学生的知识结构，还培养了他们的批判性思维能力和综合分析能力。

（二）鉴赏能力的提升途径

鉴赏能力的提升途径在高校美育教育中具有重要的意义。通过系统的艺术鉴赏课程，学生能够掌握艺术作品的分析方法和评价标准。这些课程不仅传授知识，还帮助学生建立科学的鉴赏框架，使他们在面对多样化的艺术作品时能够进行理性分析和评价。课程内容通常包括艺术史、风格流派分析、艺术元素的识别与理解等，旨在培养学生的综合鉴赏能力。此外，课程设计还应注重实践环节，通过实际案例分析和作品赏析，让学生在实践中巩固理论知识。

组织定期的艺术展览和讲座是提升学生鉴赏能力的有效途径之一。通过与艺术家、学者的直接交流，学生可以获得第一手的艺术鉴赏经验和技巧。这些活动不仅丰富了学生的艺术视野，还激发了他们对艺术的兴趣和热情。展览和讲座的主题应多样化，涵盖传统与现代、国内与国际的艺术作品，以拓宽学生的文化视

野和鉴赏深度。专家学者的分享能够引导学生深入理解艺术作品的内涵与背景，从而提升他们的鉴赏水平。

鼓励学生参与艺术评论和写作是培养其鉴赏能力和表达能力的重要方式。通过撰写艺术评论，学生不仅能够锻炼自己的写作技巧，还能深化对艺术作品的理解。这一过程要求学生在欣赏作品的同时，思考其艺术价值和社会意义，并通过文字表达出来。这样的训练有助于提升学生的批判性思维和表达能力，使他们在面对复杂的艺术现象时，能够作出独立而深刻的分析与评价。

利用网络平台和社交媒体创建艺术鉴赏社区，为学生提供了一个分享和讨论艺术作品的空间。这种互动式的学习环境鼓励学生积极参与艺术讨论，分享个人见解，从而增强其思辨能力。在社区中，学生可以接触到多元的观点，拓展自己的思维边界。同时，网络平台的便利性和即时性使艺术鉴赏不再局限于课堂，学生可以随时随地进行艺术学习和交流，这种开放的学习模式符合现代教育的发展趋势。

二、激发审美创造力与想象力

（一）创造力的激发策略

在高校美育教育中，激发学生的创造力是培养其综合素养的重要环节。创造力不仅是艺术创作的核心要素，还是学生在未来职业生涯中应对复杂问题的重要能力。通过组织传统艺术创作工作坊，学生得以在实践中探索和表现个人的艺术风格。这种实践活动不仅提供了一个自由表达的平台，也让学生在互动中激发灵感，增强其对艺术的热情和创造力。工作坊的设置应注重多样性和包容性，涵盖不同的艺术形式，如绘画、雕塑、书法等，以满足不同学生的兴趣和特长。同时，教师在指导过程中应注重引导而非灌输，鼓励学生自我探索与表达，形成独特的艺术视角和风格。

引入跨学科项目是激发学生创造力的另一有效策略。现代科技的发展为传统艺术的表现形式提供了新的可能性，数字媒体艺术便是其中的典型代表。在高校美育课程中，将科技与传统艺术相结合，不仅能够拓展学生的艺术表现边界，还能培养他们的跨学科思维能力。例如，通过课程设计，让学生运用数字工具进行传统艺术的再创作，或是通过编程实现艺术作品的动态展示。这种结合不仅丰富

了艺术创作的手段，也让学生在实践中体会到科技与艺术融合的创新魅力，从而激发其无限的想象力。

在高校美育教育中，开展主题性艺术比赛是一种行之有效的策略，能够激励学生围绕特定主题进行创作。这样的比赛不仅提高了学生的参与积极性，还在一定程度上培养了他们在限制条件下的创新思维和解决问题的能力。主题性艺术比赛通常要求学生在规定的时间和主题下进行艺术创作，这种限制条件迫使学生在思维上进行突破，寻找新的创作角度和方法。同时，比赛的评审过程也为学生提供了一个展示和交流的平台，通过与同龄人的竞争和评委的反馈，学生能够更好地认识到自身的优势与不足，从而不断提升自己的创作能力。

提供艺术家讲座与工作坊也是激发学生创造力的重要措施。邀请成功艺术家分享创作经验与技巧，可以为学生提供宝贵的学习机会。艺术家的亲身经历和独特的创作视角，能够激励学生从中获得灵感，推动其艺术创作的独特性与创新性。通过与艺术家的互动，学生不仅可以了解艺术创作的多样性和复杂性，还能在潜移默化中受到艺术家创造精神的感染。

（二）想象力的培养手段

在高校美育教育中，想象力的培养被视为激发学生审美创造力的核心手段。通过开展艺术创作课程，教育者可以引导学生运用中华优秀传统文化元素，激发他们在创作中运用想象力，探索独特的艺术表现方式。中华优秀传统文化中蕴含着丰富的艺术资源和思想内涵，如书法、国画、传统音乐等，这些都为学生提供了广阔的想象空间。在课程中，教师可以通过实例分析，展示传统文化元素如何在现代艺术创作中被重新诠释，从而引导学生大胆想象，创造出具有时代感的艺术作品。

跨学科的创意工作坊是培养学生想象力的另一有效途径。在这些工作坊中，学生被鼓励将传统文化与现代艺术形式相结合，培养他们在多元文化背景下的想象力和创新思维。例如，通过将传统戏曲的表演形式与现代舞蹈编排相结合，学生可以体验到不同文化元素的碰撞与融合，从而激发新的创作灵感。这种跨学科的学习方式不仅拓宽了学生的视野，也使他们在艺术创作中能够灵活运用多种表现手法，增强了其艺术表现的深度和广度。

利用传统故事和神话进行艺术创作也是激发学生想象力的重要方法。中国传

统故事和神话中蕴含着丰富的文化内涵和想象空间，学生可以从中提取灵感，创作出具有文化深度和个人风格的艺术作品。例如，通过对《山海经》中神话故事的再创作，学生可以在绘画、雕塑或数字艺术中表达他们对故事的理解和想象。这种创作过程不仅提高了学生的艺术技能，也深化了他们对中华优秀传统文化的理解和认同。

艺术与科学的结合为想象力的培养提供了新的可能性。在创作中运用科学原理，可以帮助学生探索艺术表现的新形式。例如，通过对光影变化的科学理解，学生可以在摄影或舞台设计中创造出独特的视觉效果。这样的结合不仅拓宽了艺术创作的边界，也培养了学生的跨领域思维能力，使他们能够在艺术表达中不断创新，探索新的可能性与形式。

三、塑造良好审美品位与审美观念

（一）审美品位的形成因素

审美品位的形成是一个复杂的过程，涉及多种因素的综合作用。家庭教育与文化环境在学生审美品位的形成中起着至关重要的作用。家庭是学生最早接触的社会单位，家长的审美观念、文化修养以及家庭氛围直接影响着学生的审美倾向。一个充满艺术氛围的家庭环境，往往能够培养学生对美的敏感度和鉴赏力，使其在潜移默化中形成独特的审美品位。此外，家庭中的审美教育不仅限于艺术作品的欣赏，还包括对生活美学的理解和实践，这对学生的审美观念的塑造具有深远影响。

个人经历与社会交往同样是影响审美品位的重要因素。学生在不同的社交场合中，通过与他人交流和互动，接触到多样的艺术形式和文化活动。这些经历不仅拓宽了学生的文化视野，也在无形中塑造了他们的审美取向与偏好。尤其是在高校阶段，学生有更多机会参与各类艺术活动，如音乐会、画展、戏剧表演等，这些活动为学生提供了一个观察、体验和反思的空间，进一步深化其对美的理解和感知。此外，社会交往中，学生也会受到同伴审美观念的影响，这种相互影响和学习的过程，有助于学生形成更为成熟和多元化的审美品位。

教育课程与艺术实践的互动是高校美育教育的重要组成部分。高校通过设立专门的美育课程，旨在提升学生的审美认知和判断能力。这些课程不仅

包括理论知识的传授，还强调实践活动的参与。在课程中，学生通过对艺术理论的学习，培养审美判断的理性基础；而在艺术实践中，他们则通过亲身体验和创作，提升对美的感性认识。这种理论与实践相结合的教学模式，不仅提高了学生的艺术素养，也使其在审美判断上更加自信和独立，形成良好的审美品位。

现代媒体与信息技术的普及，对学生审美品位的形成产生了深远的影响。随着数字技术的发展，学生能够通过多种媒介接触到丰富多样的艺术表现形式，如电影、音乐、数字艺术等。这些新兴的艺术形式，不仅拓宽了学生的审美视野，也激发了他们对美的多元化理解。同时，信息技术的发展使艺术作品的传播更加便捷，学生可以通过网络平台获取全球范围内的优秀艺术作品，这种便捷的获取方式，使学生能够在较短的时间内积累大量的艺术经验和审美知识，从而提高其审美品位。

（二）审美观念的教育方法

在高校美育教育中，通过设立专题研讨课程，学生能够深入探讨中华优秀传统文化中的审美观念。这种课程设计旨在引导学生从历史和文化的角度理解美的内涵，帮助他们形成对美的多元理解和个人见解。这不仅是对传统文化的简单介绍，更是通过深度的学术探讨，促使学生在对话和辩论中反思自己的审美观念，进而提升其文化自信和审美敏感度。这种教育方法强调学生的主动参与和批判性思维的培养，使其能够在多样化的文化背景中形成独立的审美判断。

利用艺术作品进行分析与讨论是另一种有效的审美观念教育方法。在课堂上，教师可以选择具有代表性的艺术作品，让学生从不同文化角度进行解读。这种方法不仅能够提升学生的艺术欣赏能力，还能够鼓励他们从多元文化视角看待艺术作品，发展其批判性思维与审美判断能力。通过这种分析与讨论，学生能够理解不同文化背景下艺术作品的独特性，进而反思自身的审美标准和价值观。这种方法的核心在于通过艺术作品作为媒介，培养学生的审美敏感性和文化包容性，使其在全球化的文化交流中更加自如地表达和分享自己的审美观念。

组织传统文化艺术节是促进学生理解和体验多样性审美观念的实践方法之

一。在艺术节中，各类传统艺术形式的展示为学生提供了一个直接接触和体验的机会。在这种互动和体验中，学生不仅能够感受到传统文化的魅力，还能够通过亲身参与理解审美观念的多样性与丰富性。艺术节的举办不仅是文化的展示，更是学生自我表达和文化认同的场域。通过这种实践活动，学生能够在参与中深化对传统文化的理解，增强对本民族文化的认同感和自豪感，从而在生活中更加自觉地传承和弘扬中华优秀传统文化。

跨学科课程设计是培养学生深层次审美思考与理解的重要手段。将美学与哲学、伦理学等学科相结合，能够拓宽学生的思维视野，帮助他们从不同学科的角度探讨和理解审美现象。这种跨学科的教育方法强调知识的整合与应用，使学生能够在多学科交叉的视域中进行审美思考。通过这种方式，学生不仅能够理解审美现象的复杂性，还能够在哲学和伦理学的框架下反思美的价值和意义。

四、促进全面发展与人格完善

（一）全面发展的美育作用

美育教育在促进全面发展方面具有显著的作用。通过中华优秀传统文化的引导，学生在情感表达能力上得到了极大的提升。这种教育模式不仅使学生在艺术创作中能够更好地传达个人情感，还能够表达对社会的关怀。在艺术创作过程中，学生通过对传统文化的深刻理解，能够更敏锐地捕捉到生活中的细微情感，并以艺术的形式进行表达。这种能力的培养，不仅有助于学生的个人发展，也为他们在社会中发挥更积极的作用奠定了基础。

高校美育教育通过传统艺术形式的学习，极大地增强了学生的团队合作意识。在集体艺术项目中，学生需要不断地与他人沟通与协作，这一过程不仅锻炼了他们的沟通能力，也培养了他们的团队精神。在传统艺术的学习中，学生常常需要共同完成一项复杂的艺术作品，这种经历使他们意识到个人能力与团队合作的重要性。通过这些实践活动，学生不仅提升了艺术技能，也学会了如何在团队中发挥自己的优势，促进集体目标的实现。

美育教育还通过对传统文化的理解与体验，提升了学生的道德意识。在艺术欣赏与创作过程中，学生逐渐认识到社会公义与伦理责任的重要性。传统文化中

蕴含的深厚道德观念，通过美育教育的方式传递给学生，使他们在艺术活动中更加关注社会问题。学生在创作中不仅考虑艺术的美感，也思考作品对社会的影响。这种道德意识的提升，使学生在未来的社会生活中，能够更加自觉地承担起自己的社会责任。

美育教育鼓励学生在传统艺术创作中进行自我探索，促进其个性化发展与心理健康的提升。在创作过程中，学生有机会深入挖掘自己的内心世界，探索个人的兴趣与特长。这种自我探索的过程，不仅帮助学生更好地认识自我，也为他们提供了一种情感宣泄与心理调适的途径。通过艺术创作，学生可以表达内心的困惑与感受，达到心理上的平衡与健康。

（二）人格完善的美育影响

在高校中，美育教育通过对传统艺术的学习，学生能够培养自我认知能力，这种能力使他们在艺术创作中更好地理解自己的情感与价值观。在接触国画、书法、戏曲等传统艺术形式时，学生不仅是在学习技艺，更是在进行一次自我探索的旅程。他们通过艺术作品的创作与欣赏，逐渐形成对自身情感的深刻理解，进而在日常生活中更好地表达和调节情绪。这种自我认知的提升，正是美育教育在促进人格完善中的重要途径。

参与传统文化活动是美育教育的另一重要组成部分，这种参与可以显著增强学生的社会责任感。在活动中，学生通过与他人合作、交流，逐步形成关心他人和社会的道德意识。传统文化活动，如节庆活动、民俗表演等，往往蕴含着深厚的人文精神和社会价值观。在参与这些活动的过程中，学生不仅是在体验文化，更是在学习如何在集体中找到自己的位置，并为集体的和谐发展贡献力量。这种体验和学习，促使他们在未来的社会生活中，成为具有高度社会责任感的合格公民。

美育教育还通过艺术欣赏与创作，促进学生同理心的发展。艺术本身是一种跨越语言和文化的交流方式，学生在欣赏和创作艺术作品时，能够更深刻地理解和尊重不同文化与个体的情感。通过对不同文化艺术作品的接触，学生学会从他人的角度看待世界，理解他人的情感和处境。这种同理心的培养，不仅有助于他们在个人生活中更好地处理人际关系，也为他们在多元文化背景下的社会生活奠定了基础。

第三节　高校美育教育的主要功能

一、高校美育教育的审美功能

（一）审美意识的培养

审美意识的培养在高校美育教育中具有重要地位。通过开展艺术欣赏课程，学生能够提高对传统艺术作品的感知能力。这些课程不仅是对艺术作品的简单介绍，还通过细致的讲解，使学生能够识别和理解艺术中的美学元素。这种能力的培养，不仅有助于学生在日常生活中发现美、欣赏美，也为他们在专业学习中提供了新的视角和思维方式。通过对艺术作品的深入分析，学生能够更好地理解艺术创作的背景、过程及其所蕴含的文化意义，从而提升其整体审美水平。

组织传统文化艺术节是高校美育教育中提升学生审美能力的另一有效途径。通过参与这些活动，学生不仅可以亲身体验中华优秀传统文化的丰富内涵，还能在互动中增强对文化的认同感与欣赏能力。艺术节活动通常包括多种形式，如戏曲表演、书画展览、传统工艺展示等，这些都为学生提供了近距离接触传统文化的机会。通过这种沉浸式的体验，学生不仅能够感受到传统文化的魅力，还会在潜移默化中增强自身的审美意识和文化素养。

艺术创作实践是培养学生审美意识的核心环节。通过引导学生进行艺术创作，他们在创作过程中能够亲身体验美的表现形式和审美价值。这种实践活动能够激发学生的创造力和想象力，使他们在动手实践中加深对艺术的理解。同时，创作过程中的自我表达和反思，也有助于学生形成独特的审美观念和艺术风格。这种能力的提升，不仅体现在艺术创作领域，也会影响学生的个人发展和职业选择。

多媒体技术在现代美育教育中扮演着越来越重要的角色。利用多媒体技术展示传统艺术作品，可以创造出一种沉浸式的体验环境，帮助学生在互动中加深对美的理解与感受。通过虚拟现实技术、三维动画等现代技术手段，学生可以在一个动态、立体的环境中感受艺术作品的魅力。这种技术的应用，不仅丰富了教学手段，也提高了教学效率，使学生能够更直观、更深刻地理解和欣赏艺术作品。

（二）审美能力的提升

审美能力的提升在高校美育教育中占据重要地位。通过参与传统艺术创作，学生能够在实践中提升对美的理解和表现能力。这不仅是对艺术技法的掌握，也是对美的深层次感悟的培养。在创作过程中，学生通过对传统艺术形式的探索与创新，逐步增强审美能力的实际应用。这种实践活动不仅丰富了他们的艺术表现力，也提升了他们在日常生活中发现美、欣赏美的能力。

组织艺术欣赏和讨论活动是提升学生审美判断能力和批判性思维的重要途径。在这些活动中，学生通过对艺术作品的观察与分析，分享各自的见解，形成多元化的审美视角。这种交流不仅促进了学生之间的思想碰撞，也培养了他们的批判性思维能力。通过对艺术作品的深入探讨，学生能够更好地理解艺术作品的内涵，提升其对美的判断能力。同时，这也为他们提供了一个平台，去表达和交流自己的审美观念。

现代科技手段的应用，如虚拟现实和增强现实，为学生创造了沉浸式的艺术体验。这种技术的引入，不仅丰富了传统美育教育的手段，也为学生提供了更为直观和生动的感受美的方式。通过这些技术，学生可以身临其境地体验艺术作品的表现形式，从而加深对美的理解。这种深刻的体验有助于学生在感知层面上对美进行更为全面的认知和欣赏，进而提升其审美能力。

跨学科的艺术课程是培养学生对美的多维度理解与欣赏能力的有效方式。将美育与哲学、历史等学科结合，学生不仅能够从艺术的角度理解美，还能从哲学、历史的视角进行思考。这种多学科的融合，拓宽了学生的审美视野，使他们能够从多个维度去欣赏和理解美。这种综合性的学习方式，不仅提升了学生的审美能力，也培养了他们的综合素养和创新思维能力。

（三）审美价值观的形成

审美价值观的形成是高校美育教育的重要目标。通过中华优秀传统文化的学习，学生能够树立对美的多元理解。这种多元理解不仅限于对某一艺术形式的欣赏，还包括对不同文化背景下艺术表现的开放态度。中华优秀传统文化以其丰富

的历史积淀和深厚的文化内涵，为学生提供了广阔的审美视野。通过对传统文化的深入学习，学生能够接触到多样的艺术形式，从而培养他们欣赏不同艺术风格的能力，进而形成对美的多元化理解。

在艺术创作中融入传统文化元素，是促进学生审美价值观形成的有效途径。通过这种方式，学生不仅能够在创作中表达个人情感，还能体现对文化的认同。传统文化元素的运用，能够帮助学生在创作过程中理解美的多重维度，并在此基础上形成个人的审美价值观。这种价值观的形成，不仅体现在对艺术作品的欣赏上，更在于学生能够在创作中自如地表达自己的情感和思想，从而达到文化传承与创新的统一。

通过分析和讨论传统艺术作品，学生能够反思美的内涵与外延，提升对审美价值的深层次理解。传统艺术作品所蕴含的文化背景、审美意蕴和历史价值，为学生提供了丰富的研究素材。在分析过程中，学生不仅可以提高艺术鉴赏能力，还能通过对作品的解读，深化对美的理解。这种分析与讨论的过程，能够引导学生思考美的多样性和复杂性，进而提升其审美价值观的深度和广度。

鼓励学生参与传统文化活动，是增强其对社会责任与道德义务认知的重要手段。通过参与这些活动，学生能够在实践中体验到美的社会功能与伦理价值。这种体验，有助于学生在审美过程中形成与社会责任相结合的伦理价值观。传统文化活动不仅是美的表现形式，也是道德教育的重要载体。学生在参与过程中，能够感受到文化的力量，并在潜移默化中形成对美的伦理价值观念。

二、高校美育教育的文化传承功能

（一）传统文化的理解

在高校美育教育中，传统文化的理解是一个重要的环节。通过对传统文化的学习，学生能够深入理解中华优秀传统文化的核心价值观，增强对民族文化的认同感。这种认同感不仅是对文化表象的接受，更是对文化内涵的深刻理解。传统文化蕴含着丰富的哲学思想、道德观念和生活智慧，这些内容在美育教育中被系统地传授和讨论，使学生能够在文化的熏陶中形成正确的世界观、人生观和价值观。高校美育教育通过多样化的教学方法，使学生在潜移默化中认同并传承这些优秀的文化价值。

传统文化的艺术形式，如书法、国画、音乐等，为学生提供了丰富的审美体验，促进其对美的感知和欣赏能力。这些艺术形式不仅是中华文化的瑰宝，也是美育教育的重要内容。通过欣赏和实践这些艺术，学生能够培养细腻的审美感受力和艺术鉴赏能力。书法的笔墨韵味、国画的意境营造、音乐的旋律节奏，都是文化传承的具体体现。在美育课堂上，教师通过引导学生欣赏这些艺术作品，帮助他们理解艺术创作的美学原则和文化背景，进而提升他们的艺术修养和审美情趣。

高校美育教育中的传统文化教学，帮助学生掌握传统文化的基本知识，培养他们对传统艺术的兴趣与热爱。在教学过程中，教师不仅要传授知识，还要激发学生的学习兴趣和热情。通过多样化的教学活动，如艺术作品赏析、文化主题讨论、传统技艺实践等，学生能够在轻松愉悦的氛围中感受传统文化的魅力。这样的教学方式不仅提高了学生的文化素养，也增强了他们对传统文化的自豪感和责任感，使他们愿意主动参与到传统文化的保护和传承中。

在美育课程中融入传统文化元素，有助于学生理解文化传承的重要性，增强他们的文化自信与社会责任感。通过系统的课程设计，传统文化元素被有机地融入美育教育的各个环节。学生通过对这些元素的学习和体验，认识到文化传承不仅是历史的延续，更是对未来的责任。这种认识促使他们在日常生活中自觉地践行和弘扬传统文化，成为文化传承的积极参与者和推动者。文化自信的建立，使学生在面对多元文化的冲击时，能够坚定地保持对自身文化的信仰和热爱。

（二）文化认同的增强

在高校美育教育中，通过对传统艺术的学习，学生可以更深入地了解和体验中华优秀传统文化。这种学习不再局限于技艺的掌握，而是在于通过艺术创作，学生能够自觉地将传统文化元素融入其中。这一过程不仅增强了学生对传统文化的认同感，也使他们在艺术表达中更加自信，从而在潜移默化中培养出对文化的深厚情感。通过这种方式，学生不仅成为传统文化的继承者，更是其创新发展的推动者。

在美育课程中引入传统文化的经典作品，是提升学生文化认同感的有效途径。经典作品蕴含着深厚的文化内涵和民族精神，它们是中华优秀传统文化的精髓所

在。通过对这些作品的学习和赏析，学生能够更好地理解中华文化的博大精深，从而提升其对民族文化的自豪感。这种自豪感不仅是情感上的，更是理性认识上的，帮助学生在全球化背景下坚定文化自信，成为具有国际视野和民族情怀的新时代人才。

组织传统文化艺术节和展示活动，为学生提供了一个亲身参与和体验传统文化的平台。在这些活动中，学生可以通过表演、展示、互动等多种形式，深入感受传统艺术的魅力。这种参与不仅增强了他们对传统艺术形式的兴趣和热爱，还在集体活动中培养了归属感和团队合作精神。通过亲身参与，学生不仅是传统文化的观众，更是积极的参与者和传播者，这种体验式学习有效地增强了他们对传统文化的认同。

通过对传统文化故事和神话的探讨，学生能够更好地理解民族文化的根源和价值。这些故事和神话不仅是文化的载体，更是民族精神的体现。在课堂上，教师通过生动的讲述和启发式的讨论，激发学生对文化故事的兴趣，促使他们在日常生活中积极表达对传统文化的认同。这种探讨不仅丰富了学生的文化知识，还培养了他们的批判性思维和创造性表达能力，促进了文化认同的深化。

跨学科的传统文化教育是增强学生文化认同与自信心的重要途径。在不同学科的学习中，学生可以发现中华优秀传统文化的价值和影响力。例如，通过历史课学习传统文化的演变，通过文学课欣赏古典诗词，通过艺术课体验传统技艺。

（三）文化创新的激发

文化创新不仅是高校美育教育的重要目标，还是实现文化传承和发展的关键路径。在高校美育教育中，通过鼓励学生在传统艺术创作中融入现代元素，可以有效激发他们对文化创新的思考。传统与现代的结合，不仅是技术层面的创新，也是思维方式的革新。学生在艺术创作中尝试将现代元素与传统文化相结合，能够更深刻地理解文化的多样性和包容性，从而在文化传承中找到新的突破口。通过这样的实践，学生不仅继承了传统文化的精髓，还能够在此基础上进行创新，为文化的持续发展注入新的活力。

高校美育教育还通过组织跨学科的艺术创作项目，促进学生在不同领域知识的交融，激发他们的创新意识与艺术表现力。在这些项目中，学生有机会从不

同学科的视角出发，重新审视艺术创作的过程和结果。跨学科的合作不仅拓宽了学生的知识面，也提升了他们的综合素质。在这种环境下，艺术不再是孤立的学科，而是与其他领域紧密联系的综合体。学生在这样的氛围中，能够更好地理解文化创新的意义，并通过实践探索出新的艺术表现形式，为文化创新提供了广阔的空间。

引导学生在传统文化的基础上进行艺术改编与再创作，是推动文化创新发展的重要方式。通过对传统艺术形式的改编，学生可以提出新的艺术表现形式，这不仅是对传统文化的再认识，也是对其未来发展的探索。高校美育教育鼓励学生在改编过程中大胆尝试，勇于突破传统的束缚，以创新的视角看待传统文化。这种再创作的过程，不仅丰富了学生的艺术表现力，也为文化的创新发展提供了新的动力，使传统文化在新时代焕发出新的生机与活力。

现代科技手段的运用，如数字艺术与多媒体展示，为文化创新提供了新的平台。利用这些科技手段，学生的想象力与创造力得到了极大的激发。数字艺术与多媒体展示不仅拓展了传统文化的表现形式，也为其在新媒体环境中的传播提供了可能。在高校美育教育中，学生通过这些现代科技手段，可以更直观地感受传统文化的魅力，并在此基础上进行创新创作。这种结合不仅使传统文化在新媒体环境中焕发活力，也为文化的传承与创新提供了新的路径。

三、高校美育教育的情感陶冶功能

（一）情感体验的丰富

在参与传统艺术活动时，如书法和国画，学生不仅是在进行技艺的练习，也是在与中华优秀传统文化进行情感的对话。书法的笔触和国画的色彩，蕴藏着深厚的文化底蕴和情感表达，学生在创作过程中，能够深入体会到这些艺术形式所传递的情感深度。这种体验有助于学生增强对传统艺术的情感认同，进而激发他们对中华文化的热爱与保护意识。

在美育课程中，引入音乐欣赏和舞蹈表演是丰富情感体验的另一种有效方式。音乐和舞蹈作为艺术的表现形式，通过节奏、旋律和肢体语言，能够直接作用于学生的感官，激发其内心深处的情感共鸣。学生在欣赏音乐或参与舞蹈表演时，能够感受到艺术的美感和情感表达，从而提升其对美的理解与感受。这种感官体

验不仅丰富了学生的情感世界，也提高了他们对艺术的审美能力和鉴赏水平。

组织传统文化主题的艺术节也是高校美育教育中不可或缺的一环。在这样的活动中，学生通过参与各种艺术形式的表演和展示，能够直接感受到文化的魅力与情感的传递。这种沉浸式的体验，不仅增强了学生对民族文化的归属感和自豪感，也激发了他们对传统文化的保护与传承意识。通过参与艺术节，学生可以更加深入地理解中华优秀传统文化的价值和意义。

戏剧表演和文学作品的朗读在情感陶冶中也扮演着重要角色。这些活动能够培养学生在情感表达中的敏感性，使他们在艺术中找到情感的共鸣与宣泄。通过角色扮演和对文学作品的深情朗读，学生可以体验到不同角色的情感世界，理解情感表达的多样性与复杂性。这种体验不仅丰富了他们的情感生活，也提高了他们的表达能力和艺术修养。

（二）情感表达的多样

情感表达的多样是高校美育教育的重要功能，它不仅丰富了学生的情感世界，还提升了他们的情感表达能力。通过传统艺术形式，如书法和国画，学生能够在创作中自由地表达个人情感。这些艺术形式以其独特的笔触和色彩，给予学生一种细腻而深刻的情感表达方式。在书法的线条变化中，学生可以体会到情感的流动与变化，而在国画的色彩运用中，他们则能感受到情感的浓烈与淡雅。这种创作过程，不仅培养了学生的艺术技能，还提升了他们对情感的敏感度和表达的深度。

戏剧和舞蹈表演在情感表达的多样中也扮演着重要角色。通过角色扮演，学生能够体验不同的情感状态，从而增强其情感共鸣能力。在戏剧表演中，学生需要深入理解角色的内心世界，进而在表演中真实地传达角色的情感。这一过程不仅帮助学生培养同理心，还提升了他们对情感的把握能力。舞蹈作为一种无声的语言，通过肢体的律动和姿态的变化，学生可以将内心的情感外化为有形的艺术表现，从而在动态中体验和表达丰富的情感。

音乐创作与欣赏同样是情感表达多样的重要途径。音乐以其独特的旋律和节奏，能够激发学生对情感的感知与表达。在音乐创作中，学生通过旋律的编排和歌词的创作，找到情感的宣泄渠道。这不仅有助于情感的释放，也促进了学生对音乐的理解与欣赏能力。在音乐欣赏中，学生通过聆听不同风格的音

乐作品，感受作曲家在音符间传达的情感，从而提升其对情感的敏感度和表达能力。

传统文化主题的艺术节为学生提供了一个展示和表达情感的平台。通过参与艺术节的活动，学生可以表达对文化的热爱与情感，增强集体归属感。在这些活动中，学生通过表演、展示和互动，感受到传统文化的魅力，并在参与中体验到与他人共同创造的乐趣。这种集体活动不仅增强了学生的团队合作精神，还提升了他们的文化自信和情感表达能力。

（三）情感共鸣的深化

在高校美育教育中，通过参与传统艺术创作，学生不仅能够表达个人情感，还能深化对中华优秀传统文化的理解与认同。这种创作过程不仅是技艺的锤炼，更是心灵的交流。在创作中，学生需要将个人的情感融入作品中，而这种情感的投入，往往使他们对文化的理解更加深刻。传统艺术作品中蕴含的历史背景和文化内涵，成为学生情感认同的桥梁，使他们在创作中感受到文化的力量。

艺术欣赏是情感共鸣深化的另一途径。学生在欣赏传统文化作品时，通过感受与讨论，能够增强情感共鸣。这种共鸣不仅是对作品本身的欣赏，更是对作品所代表文化的情感依附。在讨论过程中，学生通过分享个人的感受和见解，形成对文化的多元理解。这种情感依附，使学生在欣赏艺术的同时，潜移默化地建立起对中华优秀传统文化的情感认同，进一步深化对文化的理解。

戏剧和音乐等表演艺术在情感共鸣的深化中扮演着独特的角色。学生通过角色扮演和情感表达，能够体验他人的情感世界。这种体验不仅拓宽了学生的情感体验范围，也促进了对社会多样性的理解与包容。在表演中，学生通过对角色的深入理解，能够更好地体会他人的情感，进而培养出对不同文化和社会背景的包容态度。这种情感的跨越，帮助学生在多元文化的环境中寻求共鸣。

艺术创作与社会主题的结合，使学生在表达个人情感的同时，能够更深入地反思社会问题，增强社会责任感。通过这种结合，学生不仅关注个人的艺术表达，更关注艺术作品在社会中的意义。在创作过程中，他们需要思考如何通过艺术表达对社会问题的看法，这种思考促使他们对社会现象进行深刻反思，进而增强社会责任感。这种责任感的培养，使他们在未来的社会生活中，能够更积极地参与社会事务。

第四节　高校美育教育的理论基础

一、美育教育的心理学基础

（一）审美心理过程

审美心理过程是美育教育中的核心环节，涉及个体对美的感知与理解。这个过程不是简单的感知活动，而是情感与认知的深度结合。个体在面对艺术作品时，会通过感官接收信息，并在大脑中进行复杂的认知加工。这个过程使个体能够从感知层面上升到理解层面，进而形成对美的完整体验。审美心理过程的研究有助于揭示个体在美育活动中如何感知和理解艺术作品的内在机制。

审美体验是一个动态的过程，包含了个体对艺术作品的情感反应与认知评估。在这一过程中，个体不仅对艺术作品产生直观的情感反应，还会进行深层次的认知分析。这种体验是由多种因素共同影响的，包括艺术作品本身的形式与内容、个体的文化背景和个人经历等。通过这种动态的审美体验，个体能够在艺术作品中发现新的意义，并在情感和认知上得到提升。

审美心理过程中的情感共鸣是个体与艺术作品建立深层次情感联系的重要途径。情感共鸣使个体能够在艺术作品中找到自身情感的映射，从而产生强烈的情感体验。这种共鸣不仅加深了个体对艺术作品的理解，也促进了个体的情感表达与自我认知。在美育教育中，通过引导学生与艺术作品产生情感共鸣，可以有效增强其审美能力和情感素养。

审美心理过程强调个体的主观体验，受文化背景和个人经历的影响。每个个体在面对相同的艺术作品时，可能会因其独特的文化背景和个人经历而产生不同的审美体验。这种主观性使审美心理过程具有丰富的多样性和个性化特征。在高校美育教育中，尊重和理解学生的个体差异，鼓励其多样化的审美表达，是促进审美教育有效开展的重要策略。

（二）美感体验的形成

美感体验的形成是一个复杂且多层次的过程，包含了个体的情感反应、认知评估以及社会文化背景的交互作用。每个个体在面对艺术作品时，会根据自身的情感状态和认知水平产生不同的审美体验。这种体验不是对外界美的简单感知，而是内心深层次的情感共鸣与认知升华。在高校美育教育中，理解美感体验的心理学基础有助于设计更有效的教学方法，以促进学生的全面发展。

通过参与传统艺术形式的学习与创作，学生能够在实践中直接感受美的存在，从而增强对美的敏感度与鉴赏能力。传统艺术形式如书法、国画、音乐等，不仅承载着丰富的文化内涵，还能激发学生的创造性思维。在实际操作中，学生通过感知笔墨的浓淡、乐音的高低，逐步培养对美的敏锐感知能力。这种直接的艺术实践，使学生在动手的同时，也在心灵上进行了一次美的洗礼，从而在潜移默化中提升审美能力。

美感体验的形成还依赖对艺术作品的深入理解。学生通过分析艺术作品的构成要素，如色彩、构图、主题等，能够提升其对美的认知水平。深入的艺术分析不仅帮助学生理解作品的表层美感，还能引导他们探索作品背后的深层含义。高校美育课程中，通过引导学生进行艺术作品的细致分析，能够培养他们的批判性思维和独立审美判断力。这种能力的培养，不仅有助于学生在学术上的进步，也为其日后的个人发展奠定了坚实的基础。

在美育教育中，创造沉浸式的艺术体验环境，如利用虚拟现实（VR）技术，可以显著增强学生的情感共鸣与美感体验的深度。VR 技术通过构建一个逼真的虚拟艺术环境，让学生仿佛置身于艺术作品之中，从而激发其情感共鸣。这种技术的应用，不仅拓展了传统美育教育的边界，也为学生提供了更为丰富的审美体验。通过这种沉浸式的学习方式，学生能够更深入地理解艺术作品的内涵，增强其对美的感知和欣赏能力。

（三）心理发展与美育

随着学生心理的发展，他们对美的感受与理解也在不断深化。美育教育不仅是对艺术的欣赏与创作，还涉及学生情感、认知与社会能力的全面发展。通过美育，学生可以在感受美的过程中，提升自身的情感认知能力。这种能力的提升不仅有助于学生理解他人情感，还能更好地表达自己的情感，形成健康的情感交流

模式。这对于高校学生的心理成长具有重要意义。

心理发展阶段与美育的关系是美育教育研究中的重要课题。在不同的心理发展阶段，学生对美的理解和需求各不相同。因此，美育教育需要根据学生的心理发展特点提供适当的心理支持与引导。比如，青春期的学生正处于自我意识快速发展的阶段，他们需要通过美育来探索自我，理解他人。这一阶段的美育教育应着重于引导学生进行自我反思与自我表达，帮助他们认识自我价值，增强自信心。

美育不仅促进学生的情感认知发展，还对他们的社会适应能力产生深远影响。在参与艺术活动和团队合作中，学生学会了如何与他人沟通与合作，提升了人际交往技巧。这种能力在当今社会尤为重要，因为它直接影响到学生未来的职业发展与社会融入能力。高校美育教育通过丰富的艺术实践活动，为学生提供了一个发展社交能力的平台，帮助他们在多元文化背景下有效交流。

在心理健康教育中，美育的作用不可忽视。艺术创作是一种有效的情感宣泄方式，可以帮助学生缓解压力与焦虑，促进心理健康。在高校中，学生面临着学业、生活等多方面的压力，美育通过艺术的形式为他们提供了一个安全的情感释放渠道。通过艺术创作，学生可以将内心的困扰转化为艺术作品，获得心理上的平衡与满足，增强心理韧性。

二、美育教育的社会学基础

（一）社会文化影响

中华优秀传统文化在高校美育教育中扮演着重要角色，为学生提供了丰富的文化资源。这些资源不仅帮助学生理解和欣赏本土文化的独特性与价值，还使他们能够在全球化背景下，更加坚定地认同自己的文化身份。通过深入学习传统文化，学生能在潜移默化中增强对民族文化的认同感，提升其文化自信心和自豪感。这种自信心不仅体现在对历史文化的理解上，也体现在面对现代文化挑战时的从容与坚定。

传统文化中的艺术形式，如书法、国画和音乐等，具有独特的审美价值和文化内涵。在高校美育教育中，这些艺术形式能够有效地培养学生的审美能力，使他们在欣赏和创作艺术作品时，能够更敏锐地感知美的存在与表现。通过对这些

艺术形式的学习，学生不仅能够提高自身的艺术修养，还能在艺术创作中表达个人情感和思想，促进其综合素质的提升。这种审美能力的培养，对于学生未来的全面发展具有重要意义。

中华优秀传统文化的融入，为高校美育教育带来了多样性和创新性。学生在学习过程中，能够接触到不同的艺术表现手法与风格，这不仅拓宽了他们的艺术视野，也激发了他们的创造力与想象力。在艺术创作中，学生可以借鉴传统文化的精髓，探索多样化的表现形式，使其作品更具深度和内涵。这种多样性的教育模式，能够有效地促进学生个性的发展与创新能力的培养。

（二）美育与社会角色

美育不仅是个人审美能力的培养，还是社会角色意识的形成与发展。通过美育教育，学生能够更好地理解自身在社会中的定位与责任。美育教育引导学生在艺术欣赏与创作过程中，思考个人与社会的关系，进而增强其社会责任感。艺术作品往往反映社会问题，美育教育帮助学生在欣赏艺术作品时，理解其中蕴含的社会意义与价值，从而激发其对社会现象的关注与反思。

美育教育在培养学生社会责任感方面发挥着重要作用。通过美育课程，学生能够认识到艺术作品与社会问题之间的密切联系，增强其社会责任意识。美育教育不仅是审美能力的培养，也是培养学生对社会公义的理解与关注。通过传统文化的学习，学生在艺术创作中自觉融入社会价值观，形成对社会现象的独特见解。美育教育帮助学生在艺术活动中思考社会问题，培养其关注社会、参与社会的意识。

美育教育为学生提供了一个展示个人情感与社会关怀的平台。通过艺术表达，学生能够将对社会现象的思考与反映呈现出来。美育教育鼓励学生在艺术创作中表达对社会问题的关注与看法，培养其社会责任感与使命感。在艺术活动中，学生通过作品传达对社会现象的理解与反思，形成对社会问题的独特见解。这不仅提升了学生的艺术素养，也增强了其对社会的责任感与关注度。

美育教育通过团队合作的艺术项目，培养学生的协作精神与沟通能力。艺术项目往往需要团队合作，学生在参与过程中要学会与他人沟通与合作，增强其在社会交往中的适应能力。通过团队合作，学生能够更好地理解他人的观点与立场，培养其包容性与开放性。美育教育通过艺术项目的合作，帮助学生在社会角色中

更具适应性与沟通能力，增强其社会交往能力与团队合作精神。

（三）社会化过程中的美育

美育作为社会化过程中的重要环节，帮助学生在艺术体验中形成对社会规范和文化价值的理解。学生通过美育教育，不仅能够欣赏艺术作品的美感，还能在艺术的熏陶下，潜移默化地接受社会规范和文化价值。这一过程有助于学生在日常生活中更好地理解和遵循社会规则，提升自身的文化素养和道德水平。通过艺术的表达和感受，学生能够更深刻地理解社会现象和人类情感，从而在其成长过程中形成健全的人格和正确的价值观。

通过参与传统艺术活动，学生能够在集体创作中学习团队合作与沟通技巧，增强社会适应能力。在这些活动中，学生不仅是艺术作品的创作者，也是团队的一员，他们需要与他人协作，共同完成创作任务。这种集体创作的经历能够培养学生的团队合作精神和沟通能力，使他们在未来的社会生活中更具适应性和竞争力。集体艺术活动还为学生提供了一个实践平台，让他们在具体的创作过程中体验合作的乐趣和挑战，进而增强其社会交往能力。

美育教育促进学生对多元文化的理解与尊重，使其在社会交往中更具包容性和开放性。在全球化的背景下，理解和尊重多元文化已成为个人社会交往的重要能力。通过美育教育，学生可以接触到不同文化背景下的艺术作品，从而拓宽自己的文化视野，增强对他人文化的理解与包容。这种多元文化的体验不仅丰富了学生的精神世界，也使他们在社会交往中更具开放性和包容性，能够更好地适应多元化的社会环境。

在美育过程中，学生通过艺术创作与社会主题的结合，表达对社会现象的关注，增强社会责任感。艺术创作不仅是个人情感的表达，更是对社会现象的反思和批判。通过将艺术创作与社会主题相结合，学生可以在创作中表达自己对社会问题的关注和见解，增强其社会责任感。这种艺术与社会的结合，使学生在创作中不仅关注个人的情感表达，还能关注社会的进步和发展，从而培养其社会责任意识。

美育教育通过传统文化的学习，引导学生在艺术创作中融入社会价值观，提升其人文素养与社会责任意识。通过学习和理解传统文化，学生能够在艺术创作中自觉地融入社会价值观。这种学习不仅提升了学生的人文素养，也增强

了其社会责任意识，使他们在艺术创作中更具深度和广度。在这一过程中，学生不仅是文化的传承者，也是文化的创新者，他们通过艺术创作将传统文化与现代社会相结合，推动文化的传承与发展。

三、美育教育的文化学基础

（一）文化传承与美育

中华优秀传统文化为美育教育提供了丰富的艺术资源，帮助学生在艺术创作和欣赏过程中感受到文化的深厚内涵。这种文化的深厚性不仅体现在艺术作品的形式美感上，还蕴含着丰富的人文精神和价值观念。通过接触和学习这些传统文化资源，学生能够在潜移默化中感知到中华文化的博大精深，从而在艺术创作中更好地体现文化的深层次价值。

中华优秀传统文化在高校美育教育中不仅是艺术资源的提供者，也是文化认同感和自豪感的培养者。通过学习传统艺术形式，学生能够增强对中华文化的认同感，提升其文化自信心和自豪感。这种文化自信心的培养，是学生在全球化背景下保持文化独立性和增强文化竞争力的重要基础。传统文化的学习不仅是技艺的传承，也是文化精神的传递，使学生在多元文化的碰撞中，能够坚定地找到自己的文化立场。

美育教育中的传统文化内容对于学生审美能力的培养具有重要意义。通过传统艺术形式的学习，学生能够在面对现代艺术时更好地理解和欣赏不同的美学表现。这种理解能力的提升，不仅有助于学生在艺术创作中寻找灵感和创新点，还能帮助他们在现代艺术的多样性中找到共鸣。传统文化中的美学思想为学生提供了一个理解和解析现代艺术的视角，使他们能够在多元化的艺术世界中游刃有余。

中华优秀传统文化的融入促进了高校美育教育的多样性，使学生能够在艺术创作中探索不同的表现手法与风格。传统文化中的多样性为学生提供了丰富的创作素材和灵感来源，使他们能够在艺术创作中不断探索和创新。通过对传统文化的学习，学生能够在艺术创作中尝试不同的表现手法，将传统与现代相结合，创造出具有独特风格的艺术作品。这种多样性不仅丰富了学生的艺术表现力，也为美育教育提供了更广阔的发展空间。

（二）文化多样性与审美

在高校美育教育中，文化多样性与审美之间的关系是一个重要的研究领域。文化多样性不仅是审美教育的基础，也是其发展的动力。多样化的文化背景为学生提供了丰富的审美视角，使他们能够从中汲取灵感，提升自身的审美创造力。通过接触不同的文化艺术形式，学生能够拓宽视野，发展出更为开放的审美观念。这种开放性不仅体现在对艺术作品的欣赏上，更在于理解和尊重不同文化的艺术表现形式，进而形成一种包容的审美态度。

文化多样性在审美教育中发挥着重要作用，它为学生提供了多元化的学习内容和体验。通过对多元文化艺术形式的学习，学生能够增强对不同艺术表现形式的理解与尊重。这种学习不仅是对艺术作品的分析与欣赏，也是对文化背景的深入理解。学生通过研究和体验不同文化的艺术形式，可以提高其艺术鉴赏能力和文化敏感性。这种能力的提升，有助于培养学生的批判性思维和创新能力，使他们在艺术创作中能够更好地表达个人思想和审美观点。

文化多样性促进了艺术表达的创新。学生在美育教育中被鼓励去探索和融合多种文化元素，以形成独特的个人艺术风格。这种创新不仅丰富了学生的艺术表现形式，也推动了艺术教育的多样化发展。在创作过程中，学生通过对不同文化元素的理解与融合，能够创造出具有独特视角和深刻内涵的艺术作品。这种创新能力的培养，不仅提升了学生的艺术水平，也为社会的文化繁荣贡献了新的活力。

在全球化背景下，文化多样性在美育教育中帮助学生建立跨文化交流的能力。这种能力对于学生在未来的国际化发展中尤为重要。通过对不同文化的理解与欣赏，学生能够更好地进行跨文化交流，增强其在国际舞台上的竞争力。在美育教育中，学生通过对文化多样性的探讨，能够提升对社会多样性的敏感性。这种敏感性不仅体现在艺术创作与欣赏中，也体现在人际交往和社会活动中，使学生在全球化背景下能够更好地理解和欣赏不同文化的美。

（三）文化认同与美育

文化认同与美育在高校教育中扮演着关键角色，尤其是在塑造学生的文化自豪感和情感连接方面。文化认同在美育教育中的重要性体现在帮助学生建立对中华优秀传统文化的情感连接，增强他们的文化自豪感。通过美育教育，学生不仅

能够学习到艺术的表现形式，还能在情感上与文化产生共鸣。美育教育为学生提供了一个平台，让他们可以深入理解和欣赏中华文化的深厚底蕴，这种情感连接是文化认同的核心。

参与传统艺术活动是学生体验和理解中华优秀传统文化价值的重要途径。在这些活动中，学生不仅能亲身实践传统艺术，还能通过互动和创作加深对文化内涵的理解。比如，通过参与书法、国画或传统音乐的学习，学生能够感受到传统文化的独特魅力和价值观，进而增强其文化认同感。这种实践性学习有助于学生在内心深处建立对民族文化的认同，并将其作为个人身份的一部分。

美育教育中的传统文化课程能够引导学生思考和讨论文化认同的意义，促进他们对民族文化的深入理解。这些课程通常设计为让学生在学习过程中反思和讨论文化认同的多层面意义，以及它在个人和社会层面的重要性。通过课堂讨论和项目研究，学生能够更全面地理解文化认同的复杂性，并在此过程中加深对自己文化身份的认识。这种教育方法不仅提升了学生的文化素养，也增强了他们的批判性思维能力。

在美育教育中，通过展示和传播传统文化的艺术形式，学生能够感受到文化认同的归属感，增强对社会和文化的责任感。艺术形式的展示，如传统戏曲、民间舞蹈等，不仅是文化的传承，也是文化认同的具象化表现。学生在欣赏和参与这些艺术活动时，能够感受到一种归属感，这种归属感是文化认同的体现。通过这种方式，学生不仅认识到自己的文化根源，也意识到自己在传承和发展文化中的责任。

四、美育教育的艺术学基础

（一）艺术形式与美育

艺术形式在美育教育中扮演着至关重要的角色。通过丰富多样的艺术形式，学生能够更深刻地理解和感受美的内涵。传统艺术形式如书法和国画在美育教育中具有独特的价值，它们不仅是中华文化的瑰宝，还能帮助学生体会文化的深厚内涵。书法的线条美与国画的意境美，能够培养学生的审美能力，提升他们对中华传统文化的认同感。在高校美育教育中，这些传统艺术形式通过实践与理论的结合，使学生在潜移默化中提升文化素养。

音乐与舞蹈作为另一种艺术形式，通过情感的表达与传递，能够显著增强学生的审美体验与文化认同。音乐的旋律和舞蹈的节奏，可以唤起学生的情感共鸣，使他们在欣赏与参与中感受艺术的魅力。同时，音乐与舞蹈能够跨越语言的障碍，促进学生对不同文化的理解与包容。在美育教育中，音乐与舞蹈课程不仅丰富了学生的校园文化生活，还为他们提供了一个表达自我的平台，促进了审美教育的多元化发展。

戏剧艺术在美育教育中的应用具有独特的优势。通过角色扮演与表演，学生能够体验不同的人生角色，增强情感共鸣与社会责任感。在戏剧教育中，学生通过参与剧本创作、角色分析与舞台表演，能够提高语言表达能力与团队协作能力。戏剧艺术不仅是美育教育的一部分，也是培养学生综合素质的重要途径。通过戏剧活动，学生能够在互动中提升自信心，培养批判性思维与创造力，为他们的全面发展提供助力。

现代科技手段如数字艺术与多媒体展示，极大地拓宽了传统艺术形式的表现范围，激发了学生的创造力与想象力。在高校美育教育中，数字艺术通过虚拟现实、增强现实等技术手段，为学生提供了全新的审美体验。多媒体展示则通过声光电的结合，使艺术作品更加生动立体，增强了学生的参与感与互动性。现代科技与艺术的结合，不仅丰富了美育教育的内容，还为学生提供了一个探索与创新的平台，激发了他们的学习兴趣与热情。

（二）艺术欣赏能力

在高校美育教育中，艺术欣赏能力不仅涉及对艺术作品的直观感受，还包括对作品内涵的深刻理解。艺术欣赏的基本理论框架主要包括美学原理和艺术作品的分析方法。美学原理提供了一个理解艺术作品的基础，帮助学生从形式、内容、风格等多个维度去解读艺术作品。而艺术作品的分析方法则引导学生通过不同的视角去剖析作品的结构、主题及其所传达的思想情感。这些理论和方法共同构成了艺术欣赏能力的核心，使学生能够在欣赏过程中获得更深刻的体验与理解。

通过多感官体验可以显著提升艺术欣赏能力。视觉、听觉和触觉的综合运用，使艺术作品的欣赏不再局限于单一感官的体验，而是通过多重感官的交互作用，形成更加立体和丰富的感受。例如，在欣赏一幅画作时，不仅是通过视觉去观察，

还可以通过触觉去感受画布的质感，或通过听觉去想象画中场景的声音。这种多感官的体验不仅增强了欣赏的深度和广度，也使欣赏者能够更全面地理解艺术作品的美感和内涵。

艺术欣赏中的情感共鸣是另一个提升欣赏体验的重要因素。通过艺术作品与个人情感的连接，欣赏者可以在作品中找到情感的共鸣，从而增强欣赏的深度。例如，一首音乐作品可能唤起欣赏者内心的某种情感记忆，使得欣赏过程成为一种情感的交流与互动。这种情感共鸣不仅帮助欣赏者更好地理解艺术作品的情感表达，也促进了个人情感的释放与升华。

培养批判性思维在艺术欣赏中同样具有重要性。它鼓励学生对艺术作品进行独立评价与分析，而不是仅仅接受既有的观点。这种批判性思维的培养，有助于学生在欣赏过程中形成自己的观点和见解，增强其艺术鉴赏能力。例如，在面对一幅复杂的现代艺术作品时，学生可以通过批判性思维进行多角度的分析，理解作品背后的深层含义和创作者的意图，从而提升其欣赏水平。

（三）艺术创作与美育

在美育教育中，艺术创作不仅是美育教育的重要组成部分，还是通过实践活动提升学生创作能力与艺术表现力的有效途径。艺术创作的过程，实际上是学生在感知、体验和表达美的过程中，不断提升自身艺术修养和审美能力的过程。通过艺术创作，学生能够在实践中获得对艺术形式和内容更深刻的理解，从而提高他们的艺术表现力和创新能力。这种实践活动不是停留在技巧的掌握上，更重要的是在于培养学生对美的理解力和创造力，为其今后的全面发展奠定坚实的基础。

中华优秀传统文化的元素在艺术创作中被广泛运用，这不仅帮助学生理解传统文化的美学价值与情感表达，还使他们在创作中感受到传统文化的深厚底蕴。传统文化中的艺术形式，如书法、国画、戏曲等，都蕴含着丰富的美学思想和文化内涵。通过将这些元素融入艺术创作，学生不仅能够更好地理解传统文化的审美特质，还能在创作中体验到传统文化所蕴含的情感力量。这种理解和体验过程，促使学生在艺术创作中不断反思和探索，从而加深对传统文化的认同和热爱。

艺术创作过程中的自我探索与反思，是促进学生对自身情感的理解与表达的

重要途径。通过创作，学生能够将内心的情感和思想通过艺术形式表达出来，这不仅有助于增强他们的心理健康，还能培养他们的自我认知能力。在创作过程中，学生需要不断地进行自我反思和调整，以更好地表达自己的情感和想法。这种自我探索的过程，既是对自身情感的深入理解，也是对自我表达能力的提升，进而促进他们在艺术创作中实现自我价值的体现。

跨学科的艺术创作项目，为学生提供了将传统艺术形式与现代科技相结合的机会，拓宽了他们的创作视野与表现手法。在这样的项目中，学生可以将传统的艺术技法与现代科技手段相结合，创造出具有时代感和创新性的艺术作品。这不仅激发了学生的创作灵感，也培养了他们的跨学科思维能力。通过这样的实践，学生能够在艺术创作中不断突破自我，拓宽创新思维，进而在多元文化背景下形成独特的艺术风格。

第三章　中华优秀传统文化与高校美育教育的关系

第一节　中华优秀传统文化对高校美育教育的促进

一、中华优秀传统文化对美育观念的塑造

（一）价值观的传递

中华优秀传统文化通过经典文献如《论语》《孟子》等传递的核心价值观，如仁、义、礼、智、信，深刻地影响了学生的道德认知和审美情趣。这些文献不仅是道德教育的重要载体，也为高校美育教育提供了丰富的内容资源。比如，“仁”强调关爱他人、与人为善的理念，这在美育教育中可以转化为对他人美的欣赏和尊重；“义”则强调正义和责任感，这有助于学生在艺术创作中体现社会责任意识和正义感。通过对这些价值观的理解，学生不仅能提升道德素养，还能在审美过程中形成正确的价值判断。

传统文化中的艺术形式，如书法、绘画和音乐等，具有独特的美学价值和教育功能。在高校美育教育中，通过这些艺术形式的学习和实践，学生能够培养对美的感知和欣赏能力。这些艺术形式不仅是文化遗产的体现，也是美育教育的重要工具。书法的线条美、绘画的色彩美、音乐的旋律美，都能够激发学生的审美兴趣和创造力。通过对这些艺术形式的深入学习，学生能够提高自身的艺术修养和审美鉴赏能力，从而促进其综合素养的全面提升。

中华优秀传统文化强调的和谐观念，是美育教育中不可或缺的组成部分。和谐观念不仅体现在人与自然、人与社会的和谐相处上，也体现在个体内心的和谐美好。高校美育教育通过引入和谐观念，可以培养学生的团队合作精神和社会责任感。在美育实践中，学生通过参与集体创作和表演活动，能够体会到合作的重要性和团队的力量。同时，和谐观念也引导学生在艺术创作中追求内心的平衡与和谐美，从而提升其审美境界。

（二）审美标准的形成

中华优秀传统文化中的审美标准为高校美育教育提供了丰富的资源和明确的方向。通过对传统文化中美的理解和表现形式的研究，学生能够建立起对美的基本认知。这些标准不仅是对称、均衡与和谐美的追求，也是对自然与人文和谐的强调。中华优秀传统文化中的艺术作品，如诗词、书画等，蕴含着深厚的审美理念，帮助学生在情感和理智上形成对美的深刻理解和认同。通过对这些作品的分析与欣赏，学生能够感受到传统文化中对美的高雅追求，从而培养出更高的审美鉴赏能力。

传统文化中强调的自然与人文的和谐关系，也引导学生关注环境美，形成对生态美的审美标准。这种审美标准不仅有助于学生的个人发展，也在更广泛的社会层面上促进了对美的认知和传播。中华优秀传统文化中的这些审美标准，成为高校美育教育中不可或缺的组成部分，为学生提供了丰富的学习资源和实践素材。通过对传统文化的深入理解，学生能够在现代社会中更好地传承和发扬这些经典的审美观念。

二、中华优秀传统文化对学生审美能力的提升

（一）审美意识的培养

通过中华优秀传统文化的浸润与熏陶，高校美育教育在培养学生审美意识方面发挥了重要作用。传统文化中的诗词和文学作品，以其深厚的文化底蕴和丰富的情感表达，能够激发学生的情感共鸣，增强其对美的感知能力。在教学过程中，教师可以引导学生品读经典诗词，领悟其中蕴含的美学思想，帮助学生在情感与理智的交融中提升审美意识。这种情感共鸣不仅有助于学生理解文学作品的内涵，还能培养他们对生活之美的敏锐感知。

传统艺术形式如书法和国画，以其独特的表现方式和艺术价值，成为培养学生审美意识的重要载体。书法的笔触、线条和结构，国画的色彩、构图和意境，皆蕴含着深刻的美学思想。在教学中，鼓励学生亲身实践书法和国画，不仅能够提高他们对细节和形式美的敏感性，还能在艺术创作中体验到中华文化的深邃与博大。这种实践活动有助于学生在欣赏与创作中提升审美能力，形成独特的艺术视角。

参与传统音乐和舞蹈等艺术活动是增强学生审美体验的有效途径。在这些活动中，学生不仅能感受到音乐旋律和舞蹈动作的美感，还能通过身体的参与加深对艺术作品的理解。在高校美育教育中，组织学生参与传统音乐和舞蹈表演，不仅能丰富他们的艺术体验，还能帮助他们在实践中理解美的内涵。这种体验式学习方式，使学生在感受艺术魅力的同时，培养了对美的欣赏能力和创造力。

组织传统文化主题的讲座和研讨，为学生提供了一个拓宽视野的平台。在这些活动中，学生可以与专家学者交流，深入了解传统文化的美学思想和艺术价值。这种交流不仅有助于学生提升对美的理解和认知，还能激发他们对传统文化的兴趣和探索欲望。在讲座和研讨中，学生通过与他人的互动，能够更全面地认识美的多样性和复杂性，从而在日常生活中更好地感受和欣赏美。

鼓励学生探索和实践中华优秀传统文化中的美学思想，是促进其独立思考和个性化审美发展的重要途径。在高校美育教育中，教师应引导学生通过研究和实践，深入理解传统文化中的美学理念，并将其应用于个人的审美活动中。这种探索和实践不仅有助于学生形成独立的审美判断，还能促进他们在多元文化背景下的发展。

（二）审美鉴赏力的提高

中华优秀传统文化在提升学生审美鉴赏力方面具有重要作用。通过深入分析传统艺术作品，学生能够培养对不同艺术风格和表现手法的理解，进而提升其多元化的审美鉴赏能力。传统艺术作品，如书法、国画、戏曲等，蕴含着丰富的文化内涵和独特的艺术表现形式。通过对这些作品的分析，学生不仅能够掌握其艺术特色，还能从中感受到传统文化的深厚底蕴，从而在审美过程中形成更为全面和多元的视角。这种多元化的审美能力有助于学生在面对现代艺术作品时，能够从不同维度进行欣赏和评价。

组织传统文化艺术展览是提升学生审美鉴赏力的有效途径。在展览过程中，学生通过参与和体验，能够增强对艺术作品的直观感受和欣赏能力。展览不仅提供了一个展示传统文化艺术魅力的平台，也为学生创造了一个与艺术作品直接对话的机会。在这个过程中，学生可以通过近距离观察和互动，感受到艺术作品的细腻之处和独特魅力，从而加深对艺术的理解和欣赏。这种直观的审美体验能够有效地激发学生的艺术兴趣，提升其审美鉴赏力。

结合传统文化与现代艺术的讨论也能有效激发学生的思维，促进其对美的多维理解和鉴赏。在这种讨论中，学生可以通过对比和分析，理解传统文化与现代艺术之间的联系和差异，进而形成更为立体的审美观。在讨论过程中，学生不仅能够拓宽视野，还能培养批判性思维能力，对美的理解不再局限于单一的形式，而是能够从多维度进行思考和欣赏。这种多维的审美理解对于提升学生的综合素养具有积极意义。

艺术创作实践是引导学生提升审美鉴赏力的另一重要途径。通过亲身参与艺术创作，学生能够更为深刻地感受艺术创作的过程和美的本质。在创作过程中，学生可以将所学的传统文化知识融入其中，探索艺术表现的多种可能性。这种实践体验不仅能够增强学生的艺术感受力，还能提升其审美鉴赏力，使其在欣赏艺术作品时，能够更加敏锐地捕捉到作品的美感和内涵。

（三）审美创造力的激发

在高校美育教育中，中华优秀传统文化扮演着重要的角色，尤其在激发学生的审美创造力方面。审美创造力的激发不是对传统文化的简单理解，而是通过深刻的美学理念，引导学生在艺术创作中融入个人独特的理解与表达。传统文化中的美学思想如“天人合一”“中庸之道”等，为学生提供了丰富的创作灵感，鼓励他们在艺术作品中探索人与自然、个体与社会的关系，从而激发其创新思维。这种创新思维不仅体现在艺术创作中，也能影响学生在其他学科领域的学习与研究。

为了更好地激发学生的审美创造力，高校可以组织传统艺术创作工作坊。通过实践机会，学生能够在创作过程中探索传统与现代元素的结合，培养其创造性思维。这些工作坊不仅限于绘画或雕塑等视觉艺术，还可以涵盖音乐、舞蹈、戏剧等多种艺术形式。在这些活动中，学生可以通过亲身体验，感受传统文化的魅

力，并将其转化为现代艺术创作的灵感。这样的实践活动有助于学生在动手操作中理解和应用传统文化的精髓，提升其艺术创作的深度和广度。

跨学科的艺术创作也是提升学生审美创造力的重要途径。通过引导学生在传统文化的基础上进行跨学科的艺术创作，鼓励他们运用不同领域的知识和技能进行综合表达，可以有效地拓展学生的思维边界。在这种创作过程中，学生不仅需要借鉴传统文化中的艺术元素，还需要结合现代科技、社会学、心理学等多学科的知识，形成具有时代特色的艺术作品。这种跨学科的创作方式，不仅丰富了学生的艺术表现手段，也增强了他们对传统文化的理解和应用能力。

传统文化中的故事与主题也是激发学生想象力的重要资源。通过这些故事，学生可以了解历史背景和文化内涵，从而在艺术创作中展现出独特的视角与情感。比如，利用古代神话传说、历史人物故事等题材，学生可以在创作中融入自己的情感体验和思维方式，形成具有个人特色的艺术表达。这种创作过程不仅提升了学生的艺术表现力，也培养了他们的文化自信和审美鉴赏能力。

三、中华优秀传统文化对高校美育教育理念的影响

（一）教育理念的传统根基

在中华优秀传统文化中，教育理念的传统根基不仅体现在对知识的传承上，还在于对人格的塑造和价值观的培养。中华优秀传统文化强调的“和而不同”理念，鼓励学生在美育教育中尊重多样性，培养开放的审美视野。这一理念在高校美育教育中尤为重要，因为它促使学生在多元文化的背景下，理解和欣赏不同的美学观念，进而形成包容和谐的审美观。在全球化的今天，这种开放的审美视野不仅是对传统文化的继承，也是适应现代社会发展的必然要求。

传统文化中对“礼”的重视，促使高校在美育教育中注重学生的道德情感与审美素养的结合。“礼”不仅是一种外在的行为规范，也是一种内在的道德修养。通过美育教育，学生能够在欣赏美的过程中，培养自身的道德情感，提升审美素养。这种结合不仅丰富了美育的内涵，也使学生在道德和审美的双重维度上得到全面发展。这样，学生不仅能够欣赏美，还能在道德上有所追求，形成完整的人格。

中华优秀传统文化的“中庸”思想为高校美育教育提供了平衡与和谐的教育

理念，强调审美与实用的统一。“中庸”作为一种哲学思想，追求的是一种不偏不倚的生活态度和价值取向。在美育教育中，这种思想指导学生在追求美的过程中，不仅关注形式上的美感，更关注实用价值的体现。这种审美与实用的统一，使学生在学习和生活中能够作到理性与感性的平衡，培养出更为全面的能力和素养。

传统文化中的诗词、书画等艺术形式，作为高校美育教育的核心内容，丰富了学生的审美体验与文化认同。诗词书画不仅是传统文化的重要组成部分，也是美育教育中不可或缺的内容。通过这些艺术形式，学生不仅能够提升自身的艺术修养，还能够在欣赏这些艺术作品的过程中，增强对中华文化的认同感。这种文化认同不仅有助于学生形成健康的文化自信，也为他们在国际交流中提供了坚实的文化基础。

（二）教育理念的现代转化

教育理念的现代转化是推动高校美育教育发展的重要途径。将中华优秀传统文化中的美学思想与现代教育理念相结合，不仅能够推动美育教育的多元化发展，还能促进学生的全面素养提升。中华优秀传统文化蕴含着丰富的美学思想，这些思想在现代教育中可以通过多样化的教学方式进行传递，如通过绘画、音乐和舞蹈等艺术形式，使学生在感受美的同时，提升对传统文化的理解与认同。通过这种结合，学生不仅能够在艺术修养上得到提升，也能在思想道德上受到熏陶，从而实现全面发展的教育目标。

现代科技手段的应用为中华优秀传统文化的传承与创新提供了新的可能。通过数字艺术和多媒体技术，可以将传统文化的表现形式进行创新，使其更符合当代学生的审美需求和学习习惯。例如，利用虚拟现实技术，学生可以身临其境地体验传统文化的魅力，激发他们的学习兴趣和创造力。此外，多媒体教学手段的运用，也使得传统文化的传播更加生动形象，能够更好地吸引学生的注意力。这种现代化的教学方式，不仅丰富了美育教育的内容，也提升了学生的审美能力和文化素养。

在美育教育中融入中华优秀传统文化的伦理道德观，是引导学生树立正确价值观和审美观的重要举措。中华优秀传统文化中的伦理道德观念，强调人与自然、人与社会的和谐共生，这与现代社会所倡导的可持续发展理念不谋而合。在美育

教育中，通过传统文化的熏陶，学生能够更加深刻地理解这些道德观念，并将其内化为自身的价值观和行为准则。这样，不仅能够增强学生的社会责任感，还能帮助他们在复杂多变的社会环境中保持正确的方向。

（三）教育理念的多元融合

教育理念的多元融合在高校美育教育中扮演着重要角色。通过将中华优秀传统文化的美学元素与现代艺术形式相结合，可以创造出新的艺术表达方式，从而丰富高校美育教育的内容。这种结合不仅是形式上的创新，也是对传统文化内涵的深度挖掘和现代艺术观念的融合。它为学生提供了多样化的审美体验，使他们能够在多元文化的氛围中感受传统文化的魅力，并在此基础上进行创新和表达。这种多元融合的教育理念，不仅拓宽了美育教育的视野，也为学生提供了更为广阔的创作空间。

跨学科的合作是实现教育理念多元融合的另一重要途径。通过结合传统文化与心理学、社会学等领域，可以提升学生的审美理解和文化认同。传统文化中的哲学思想、伦理道德与现代心理学、社会学理论相结合，能够帮助学生更深刻地理解文化现象和艺术作品。这样的合作不仅促进了不同学科之间的交流，也为学生提供了一个全面的学习平台，使他们能够在多维度上理解和欣赏艺术作品，增强文化自信和认同感。

建立多元化的教学模式是实现教育理念多元融合的关键措施。鼓励学生在不同文化背景下进行艺术创作，能够促进其审美视野的拓宽。在教学过程中，教师应引导学生接触和理解不同文化的艺术形式和美学观念，鼓励他们在创作中融入多元文化元素。这种多元化的教学模式不仅丰富了学生的艺术创作手段，也培养了他们对不同文化的包容和理解能力，使他们在全球化背景下更具竞争力和创造力。

通过组织文化交流活动，可以引导学生在实践中体验和理解中华优秀传统文化与其他文化的融合，增强其全球视野。文化交流活动为学生提供了一个实践的平台，使他们能够在真实的文化环境中感受和体验不同文化的碰撞与融合。这不仅有助于提高学生的文化敏感性和适应能力，也为他们提供了一个展示自我和交流思想的机会，培养他们的全球视野和跨文化沟通能力。

第二节　高校美育教育对中华优秀传统文化的传承

一、传统文化在高校艺术活动中的体现

（一）艺术节中的传统文化展示

艺术节中的传统文化展示在高校美育中扮演着重要角色。艺术节通过设置如书法、国画和民乐演奏等传统文化项目，旨在展示中华优秀传统文化的丰富性和多样性。这些项目不是对传统艺术形式的简单呈现，而是对其内涵的深刻诠释。通过参与这些活动，学生不仅可以感受到传统艺术的魅力，还能在实践中提高对其理解和认同。这种体验式学习方式，有助于学生在潜移默化中增强对中华文化的自豪感和归属感。

艺术节为学生提供了一个参与和体验传统文化的宝贵机会。在这些活动中，学生不仅是观众，还是积极的参与者。通过亲身参与书法创作、国画绘制和民乐演奏，学生能够更深入地理解这些传统艺术形式的精髓。在这个过程中，学生的动手能力和创造力都得到了锻炼，同时也培养了他们对传统文化的热爱和传承意识。艺术节的这种参与式体验，正是美育教育中强调的实践与理论相结合的有效途径。

为了提升学生对传统文化的兴趣，艺术节活动中常邀请传统艺术家进行现场表演和讲解。这些艺术家不仅展示了精湛的技艺，还通过与学生的互动，传递了他们对艺术的理解和热爱。学生在与艺术家的交流中，不仅可以获得专业的指导，还能感受到传统文化的活力和魅力。这种面对面的交流，为学生提供了一个近距离接触传统文化的机会，使他们对中华优秀传统文化有了更深刻的认识和更强烈的传承愿望。

艺术节中设立的传统文化主题展区，展示了学生在美育课程中创作的作品。这些作品不仅体现了学生对所学知识的掌握，也反映了他们对传统文化的理解和创造性运用。通过这种展示，学生的创作能力得到了肯定和激励，同时也为其他

学生提供了学习和借鉴的机会。展区的设立，鼓励了学生将课堂上学到的知识运用到实际创作中，进一步促进了传统文化在高校美育中的传承与创新。

（二）传统文化主题的艺术创作

在高校美育教育中，艺术创作不仅是对中华优秀传统文化的传承，也是对学生艺术素养的提升。在高校的艺术活动中，围绕传统文化主题组织艺术创作比赛，能够有效激发学生的创作热情与团队合作精神。这种比赛形式为学生提供了一个展示自我的平台,同时也促进了学生之间的交流与合作。在比赛过程中，学生不仅要展示个人的艺术才华，还需要与团队成员密切配合，协调沟通，以共同完成主题创作。这种合作不仅增强了团队凝聚力，也培养了学生的团队合作精神。

在艺术创作中，鼓励学生融入个人对传统文化的理解，探索传统技艺与现代艺术的结合，是提升艺术创作水平的重要途径。每位学生对传统文化的理解和感悟都是独特的，他们可以通过艺术创作将这种独特性表现出来。在创作过程中，学生可以尝试将传统技艺与现代艺术形式相结合，创造出具有创新性和时代感的艺术作品。这种结合不仅丰富了作品的内涵，也拓宽了学生的艺术视野，使他们在创作中不断探索，挑战自我。

通过传统文化元素的再创作，学生不仅能够培养创新能力，还能锻炼独立思考能力。在再创作过程中，学生需要对传统文化元素进行深入研究，理解其历史背景和文化内涵，然后将其转化为现代艺术作品。这一过程要求学生具备较强的分析能力和创造力，同时也需要他们能够独立思考，提出独特的创作理念。再创作不仅是对传统文化的继承与发展，也是对学生个人能力的全面提升。

设立传统文化艺术创作工作坊，为学生提供实践指导，是高校美育教育中的一项重要举措。工作坊通过提供专业的实践指导，帮助学生掌握传统艺术技法。在工作坊中，学生可以在专业导师的指导下，学习传统艺术的基本技法，并在实践中不断提高自己的技艺水平。通过这种方式，学生不仅能够深入了解传统文化的精髓，还能在实践中提高自己的艺术创作能力，为未来的艺术创作奠定坚实的基础。

（三）文化社团活动的传统元素

在高校美育教育中，文化社团活动是传承中华优秀传统文化的重要载体。文化社团活动中融入传统元素，不仅可以丰富学生的课余生活，更能在潜移默化中增强他们对传统文化的理解与认同。通过这些活动，学生得以深入接触和体验传统艺术的魅力，从而在实践中提升自身的艺术修养和文化素养。

建立传统文化社团是高校美育教育的一项重要举措。鼓励学生自主组织书法、国画、诗词朗诵等活动，不仅能够提升他们的艺术实践能力，还能激发他们对传统文化的兴趣和热情。在这些社团活动中，学生通过亲身参与，能够更好地理解传统艺术的精髓，培养对中华优秀传统文化的热爱和自豪感。

开展传统文化主题的工作坊也是一种有效的方式。邀请专业艺术家指导学生进行传统技艺的学习与创作，能够帮助学生提升艺术表达能力。这种面对面的指导和互动，不仅可以让学生更直观地领悟传统艺术的技巧，还能激发他们的创作灵感和创新思维，使传统文化在新时代焕发出新的活力。

定期举办传统文化交流活动，可以促进不同社团间的合作与互动，拓宽学生的文化视野。在这些交流活动中，学生可以分享各自的学习心得和创作成果，相互启发和借鉴，形成良好的文化氛围。通过这种方式，学生不仅能够加深对传统文化的理解，还能培养团队合作精神和沟通能力。

二、美育环境下的传统文化氛围营造

（一）校园文化建设

校园文化建设在营造传统文化氛围中扮演着重要角色。通过在校园内设置传统文化主题的雕塑和装置艺术，不仅为校园增添了艺术美感，还激发了学生对中华优秀传统文化的兴趣与认同。雕塑和装置艺术作为文化载体，以其直观的形式传递着深刻的文化内涵，成为学生日常生活中潜移默化的教育工具。这些艺术作品不仅增强了校园的视觉效果，还成为文化教育的重要组成部分，帮助学生在潜移默化中感受和理解传统文化的魅力。

定期举办传统文化讲座和沙龙也是营造文化氛围的重要途径。邀请专家学者分享中华优秀传统文化的精髓，不仅提升了校园的文化素养，还为学生提供了与学术界和文化界交流的机会。这些活动通过深入浅出的讲解和互动交流，使学生对传统文化有了更深刻的理解和体会。此外，这些讲座和沙龙还增强了学生的文化认同感，激励他们主动参与传统文化的学习和传承。通过这些活动，学生不仅

获得了知识，还培养了对传统文化的热爱和责任感。

建立校园传统文化展示区，定期更换展览内容，是展示学生传统艺术创作的重要平台。通过展示学生的艺术作品，不仅增强了文化交流与互动，还激发了学生的创造力和参与热情。这些展示区为学生提供了一个展示自我和交流创意的舞台，使他们在创作中更深入地理解和传承传统文化。通过不断更新的展览内容，校园传统文化展示区成为一个动态的文化教育场所，吸引更多的学生参与其中，促进了校园文化的活力和多样性。

传统节日庆典活动结合校园文化建设，增强了学生对传统文化的参与感与认同感。这些活动通过丰富多彩的形式，将传统文化融入学生的日常生活，使其成为校园生活的一部分。通过参与节日庆典活动，学生不仅体验到了传统文化的魅力，还在实践中加深了对文化内涵的理解。这些活动在促进文化传承的同时，也增强了学生的文化自信，使他们在全球化背景下更加坚定地传承和弘扬中华优秀传统文化。

（二）传统文化标识

在高校美育教育中，传统文化标识的设置是营造传统文化氛围的重要手段。这些标识不仅是物理空间的装饰，也是文化传承的载体。通过在校园内设置具有传统文化元素的标识，如书法和国画作品，学生能够在日常生活中潜移默化地接触到传统艺术。这种方式不仅增强了学生对传统艺术的认知与欣赏，还激发了他们对中华优秀传统文化的兴趣与探索热情。在这一过程中，传统文化标识成为连接学生与传统文化的桥梁，使文化教育不再局限于课堂，而是融入学生的生活之中。

校园标识系统的设计也可以巧妙地融入传统文化符号和图案，这不仅提升了校园环境的文化氛围和艺术氛围，还使校园成为一个充满文化内涵的学习场所。通过这样的设计，学生在校园中行走时，随时都能感受到传统文化的熏陶。传统文化符号的运用，不仅增强了校园的视觉效果，更为重要的是，它们承载着深厚的文化底蕴，让学生在潜移默化中接受传统文化的洗礼。这种文化氛围的营造，使高校成为文化传承的重要基地。

为了让师生更深入地理解与认同传统文化，通过展览传统文化标识，可以展示中华优秀传统文化的深刻内涵与价值。这些展览不仅是视觉的展示，也是一种文化的交流与传播。通过展览，师生可以更直观地感受到传统文化的魅力，进而促进他们对传统文化的理解与认同。展览活动的举办，不仅丰富了校园文化生活，也为师生提供了一个探索和交流传统文化的平台，增强了校园的文化氛围。

在校园内开展传统文化标识设计大赛，是鼓励学生参与传统文化表达与创新的有效途径。通过这样的活动，学生不仅可以展示自己的设计才华，还能在设计过程中深入理解传统文化的精髓。大赛的举办，不仅丰富了校园文化活动，也激发了学生的文化自豪感与参与感。在设计过程中，学生通过对传统文化元素的重新解读与创新表达，使传统文化在高校中得到了更为广泛的传播与弘扬。

（三）文化空间设计

文化空间设计在高校美育教育中扮演着重要角色，其核心在于通过精心设计的空间环境促进学生对传统文化的理解与欣赏。设计多功能的文化空间，结合传统元素与现代设施，为学生提供艺术创作与交流的场所，这不仅激发了学生的创造力，也让他们在实践中感受传统文化的魅力。通过这种方式，学生能够自然地浸润于传统文化的氛围中，从而加深对其内涵的理解。

创建以传统文化为主题的学习空间是高校美育的一项重要举措。这些空间可以配备相关书籍、艺术作品和多媒体资源，为学生提供一个沉浸式的学习环境。通过与传统文化相关的丰富资源，学生能够更深入地探索文化的多样性和深厚底蕴。此外，这些学习空间还可以举办各种文化活动，如讲座、工作坊等，进一步促进学生对传统文化的兴趣和理解。

在校园内设置开放式的艺术展示区，定期展出学生的传统艺术作品，是增强文化氛围与学生参与感的有效方式。这些展示区不仅是学生展示创作成果的平台，也是校园文化生活的重要组成部分。通过参与艺术创作和展示活动，学生能够更加主动地参与文化传承的过程，同时也能在欣赏他人作品的过程中，获得艺术启发和文化认同感。

园林景观设计中融入传统文化元素，如设置古典园林景观，为学生提供静谧的环境进行艺术创作与思考。这种设计不仅美化了校园环境，还为学生提供了一个与自然和文化对话的空间。学生可以在宁静的氛围中进行艺术创作和思考，感受传统文化与自然的和谐美。

三、高校美育教育对传统文化价值观的传播

（一）价值观教育的文化基础

价值观教育的文化基础在于为学生提供一种深厚且具有指导意义的文化背景，而中华优秀传统文化正是这种背景的重要来源。传统文化强调道德与审美的统一，通过这种统一性，帮助学生树立正确的价值观。在高校美育教育中，传统文化的经典作品成为学生理解和内化中华优秀传统文化核心价值观的桥梁。这些价值观包括仁爱、诚信和礼仪，它们不仅是个人修身的重要内容，也是社会和谐的基石。通过学习这些经典作品，学生的道德意识得以增强，他们在面对多元文化和复杂社会时，能够更好地坚持传统美德。

在美育教育中，融入传统文化的伦理思想是引导学生树立社会责任感的重要手段。这种教育方式不仅关注学生的个人发展，也强调他们对社会和他人的关怀与尊重。中华优秀传统文化中蕴含的伦理思想，如“己所不欲，勿施于人”的原则，能够有效培养学生的社会责任感。这种责任感体现在他们对社会问题的关注和对他人权利的尊重上。通过这种教育，学生不仅能够成为具备专业知识的人才，更能够成为具有社会责任感的公民，为社会的可持续发展贡献力量。

中华优秀传统文化中的美学思想，如和谐与中庸，在高校美育教育中扮演着重要角色。这些思想促使学生在艺术鉴赏和创作中追求平衡与协调。这种追求不仅是艺术层面的，也是生活态度的体现。通过对和谐美学的理解，学生能够在纷繁复杂的现代社会中保持内心的平和与稳定，提升其整体的审美能力。这种能力不仅在艺术领域有重要作用，也对他们的日常生活产生积极影响，使他们在待人接物中更加从容与自信。

（二）文化价值观的课程渗透

文化价值观的课程渗透在高校美育教育中扮演着重要角色。通过在美育课程中融入传统文化经典，教育者能够引导学生深入理解中华优秀传统文化的核心价值。经典作品中蕴含的价值观念不仅是历史的积淀，也是现代社会发展的精神动力。在分析这些经典作品的过程中，学生可以逐渐内化这些核心价值观，形成对传统文化的深刻认同感。这种认同感不仅有助于学生个人的文化素养提升，也为中华优秀传统文化的传承提供了坚实的基础。

设计以传统文化为主题的美育活动，是另一种有效的文化价值观课程渗透方式。通过这些活动，学生不仅有机会在实践中体验传统文化中的道德与审美观念，还能在实际操作中表达对这些观念的理解与认同。这种体验式学习能够增强学生的文化认同感，帮助他们在潜移默化中形成对中华优秀传统文化的归属感和自豪感。同时，这种活动形式也为学生提供了一个展示自我、表达创意的平台，激发他们的创新能力和艺术表现力。

跨学科的课程整合是将传统文化与现代教育理念相结合的有效策略。通过这种整合，教育者可以培养学生的综合素养和社会责任感。在美育课程中引入传统文化元素，不仅丰富了课程内容，也为学生提供了多角度思考问题的机会。这种多学科的融合教育能够帮助学生在理解传统文化的同时，掌握现代教育的核心理念，形成一种既有传统底蕴又具现代视野的综合素养。

在美育教育中设置传统文化的评价体系，可以有效促进学生在艺术创作中体现中华优秀传统文化的价值观。这种评价体系不仅鼓励学生在创作中融入传统文化元素，也为他们提供了一个展示个性与创新能力的平台。通过这种方式，学生能够在艺术创作中体现对传统文化的理解与认同，促进其个性表达与创新能力的提升。

（三）文化价值观的校园活动推广

在高校美育教育中，通过开展丰富多彩的传统文化主题校园活动，如书法、国画和诗词朗诵比赛等，不仅能够激发学生对传统文化的兴趣与参与感，还能在潜移默化中增强学生的文化认同感。这些活动为学生提供了一个接触和体验中华优秀传统文化的机会，使他们在参与中感受到文化的魅力与深厚底蕴。通过实践活动，学生不仅能够提升自身的艺术修养，还能在互动中领悟文化内涵，进而激发对传统文化的热爱与传承意愿。

组织传统节日庆典活动也是高校美育教育中推广文化价值观的重要方式。通过结合中华优秀传统文化的习俗，如春节的舞龙舞狮、中秋的赏月活动等，这些活动不仅是对节日传统的再现，更是对文化精神的传递。学生在参与这些庆典活动时，能够亲身体验传统文化的魅力，增强对文化的认同感与归属感。这种实践性的活动形式，使学生在感受节日氛围的同时，更深入地理解文化背后的价值观念，促进了传统文化在校园中的有效传播。

设立传统文化讲座和沙龙，邀请专家学者分享中华优秀传统文化的精髓，是提升学生文化素养与审美能力的重要途径。通过专家的讲解，学生能够更加系统地了解传统文化的内涵与历史背景，从而提升自身的文化素养。这些讲座不仅提供了一个知识传递的平台，更是一个思维碰撞的空间，学生可以通过与专家的互动，加深对传统文化的理解。这种形式的文化推广，能够有效地激发学生的学习兴趣，提升他们的审美能力和文化鉴赏力。

创建传统文化社团，为学生提供了自主组织相关活动的平台。这种自发性和自主性的活动形式，能够极大地增强学生在实践中对传统文化的理解与传承。通过社团活动，学生可以根据自身兴趣选择参与不同的文化项目，如传统乐器演奏、民间工艺制作等，这不仅丰富了校园文化生活，也为学生提供了一个展示自我和交流学习的机会。社团活动的多样性和灵活性，使学生能够在轻松愉悦的氛围中，深入探索传统文化的奥秘。

第三节　优秀传统文化在高校美育教育中应用的必要性

一、传统文化对美育教育内容的丰富

（一）传统艺术形式的融入

在高校美育教育中，通过将传统书法艺术引入课堂，学生不仅能够欣赏到汉字的美感，还能在书写过程中培养审美情感。这种教学与实践的结合，有助于增强学生对汉字的理解能力，进而对中华文化产生更深层次的认同感。书法不仅是一种书写技巧，也是一种文化载体，能让学生在笔墨之间感受到历史的厚重与文化的精髓。

国画技法的引入是丰富美育教育内容的另一种有效方式。国画以其独特的笔法、构图和色彩运用，展示了中华文化的独特魅力。在高校美育课程中，通过教授学生传统的国画技法，不仅可以帮助他们掌握传统绘画技巧，还能提升他们的艺术创作能力。学生在学习过程中，通过对自然、人物的描绘，能够更好地理解

传统文化中“天人合一”的理念，培养出更加细腻的艺术感知力。

传统音乐元素的融入是增强学生对中华文化认同感与审美体验的重要途径。音乐作为一种无国界的艺术形式，在美育教育中具有独特的感染力。通过音乐课程，学生可以接触到丰富的传统音乐元素，如古筝、二胡等民族乐器的演奏与欣赏。这不仅能够提升他们的音乐鉴赏能力，还能在潜移默化中增强对中华文化的认同感，培养出一种对民族文化的自豪感与责任感。

民间艺术形式的应用，如剪纸和陶艺等，是激发学生创造力和动手能力的重要手段。这些艺术形式因其简单易学的特点，适合在高校美育课程中推广。通过剪纸，学生可以在动手过程中体验到传统文化的趣味与美感，而陶艺则让他们在泥土的塑造中感受到创造的乐趣与成就感。这些实践活动不仅丰富了美育教育的内容，还促进了学生对文化传承的理解与热爱，激发了他们的创新精神和动手能力。

（二）文化经典的教学应用

在高校美育教育中，通过经典诗词的分析与诵读，学生能够在语言的节奏与韵律中感受到传统文化的语言美感。这不是对文字的表面理解，而是对文化内涵的深刻体验。通过这种沉浸式的学习，学生在潜移默化中增强了文学素养与审美能力。经典诗词所蕴含的情感共鸣，能够引导学生在日常生活中更加敏锐地感知美的存在，并在情感上与文化产生共鸣，这种能力的提升对于学生的全面发展至关重要。

将《论语》《道德经》等经典著作的核心思想融入美育课程，是帮助学生理解传统文化中伦理道德观的重要途径。这些经典著作不仅是文字的积累，更是思想的结晶，它们所传达的价值观和伦理观念对学生的道德判断能力有着深远的影响。在美育教育中，通过对这些经典思想的探讨与反思，学生能够更好地理解和践行传统文化中的道德规范。这种理解不仅停留在理论层面，还能够在学生的实际生活中得到体现和应用，促进其道德品质的提升。

利用传统文化经典中的艺术表现形式，如唐诗的意境与宋词的韵律，可以激发学生在创作中探索与表达个人情感与审美观。这些经典作品以其独特的艺术风格和深邃的思想内涵，为学生提供了丰富的创作灵感。通过学习和借鉴这些艺术表现形式，学生能够在自己的艺术创作中融入传统文化的元素，形成具有个人特色的艺术风格。这种创作过程不仅是对传统文化的传承，也是对学生创新能力和审美水平的提升。

二、传统文化对美育中德育功能的强化

（一）传统美德的教育渗透

在高校美育中，通过传统文化中的仁、义、礼、智、信等美德的教育，教师能够有效引导学生树立正确的价值观，增强其道德意识与社会责任感。在中国悠久的历史长河中，仁、义、礼、智、信等美德不仅是个人道德修养的核心，也是社会和谐稳定的重要基石。在高校美育课程中，教师可以通过对这些美德的深入讲解与分析，使学生在理解的基础上将其内化为自身的道德标准。这种教育渗透不仅有助于学生在学术和生活中作出正确的道德判断，还能提高他们的社会责任感，使其在未来的职业生涯中成为具有良好道德素养的社会公民。

在传统文化的教育中，经典文学作品中的道德情节与人物形象是重要的教育资源。这些作品通过生动的故事和鲜明的人物形象，传达了丰富的道德内涵，能够激发学生的情感共鸣。通过对这些作品的阅读与分析，学生可以更深刻地理解传统美德的价值，并在情感上与这些美德产生共鸣。教师可以引导学生讨论作品中的道德选择与人物命运，使其在思考中提升对传统美德的认同与实践能力。这种情感共鸣不仅能增强学生对传统文化的热爱，还能促使他们在日常生活中自觉地践行传统美德。

在美育课程中融入传统文化的伦理思想，通过讨论和反思，能够有效促进学生对个人行为与社会责任的深入理解。伦理思想是传统文化的重要组成部分，它强调个人在社会中的责任与义务。在美育课程中，教师可以通过组织讨论与反思活动，引导学生思考伦理思想对现代社会的意义。通过这种方式，学生不仅能够加深对传统文化的理解，还能在反思中增强自身的道德判断能力。这种教学方法有助于学生在面对复杂的社会问题时，能够从伦理的角度进行分析和决策，从而在实践中体现出较高的道德水平。

（二）文化价值观的引导

文化价值观的引导在高校美育教育中起着至关重要的作用。通过引导学生理解传统文化中的核心价值观，可以帮助他们树立对社会和他人关怀的意识，进而

增强其社会责任感。中华优秀传统文化中蕴含着丰富的道德观念，如仁、义、礼、智、信等，这些观念不仅是个人道德修养的重要组成部分，更是社会和谐发展的基石。在美育教育中，通过对这些核心价值观的学习和理解，学生能够更好地认识到自身在社会中的角色和责任，从而在日常生活和人际交往中自觉地践行这些价值观念。

利用传统文化经典中的道德观念，能够有效地促进学生在艺术创作中体现对传统美德的认同，从而提升其道德判断能力和审美能力。传统文化经典，如《论语》《道德经》等，不仅是道德教育的重要资源，也是艺术创作的灵感来源。在美育课程中，通过对这些经典的研读和分析，学生可以在艺术创作中融入对传统美德的理解和表达。这种创作过程不仅提升了学生的艺术表现力，也使他们在道德判断能力和审美能力上得到了全面的提升。

通过组织与传统文化相关的活动，可以激发学生对中华优秀传统文化的热爱，增强他们在实践中对文化价值观的理解和认同。传统文化活动，如书法比赛、传统音乐演奏、节日庆典等，不仅丰富了校园文化生活，也为学生提供了亲身体验和理解传统文化的机会。在这些活动中，学生能够感受到传统文化的魅力，进而在实践中加深对文化价值观的理解和认同。这种实践体验对于学生内化文化价值观具有重要意义，有助于他们在日常生活中自觉地践行这些价值观念。

三、传统文化与现代美育教育理念的融合

（一）传统与现代的对话

在现代教育体系中，传统文化与现代美育理念的相互影响不仅丰富了教育内容，还促进了学生的综合素养提升。传统文化蕴含着深厚的历史积淀和丰富的美学思想，它为现代美育提供了坚实的文化基石。通过对传统文化的学习，学生能够更好地理解和欣赏现代艺术作品中的文化内涵，从而在审美能力和文化素养上得到全面提升。这一过程不仅是知识的传递，也是文化的对话与交流，促使学生在多元文化背景下形成更加全面的视野和思维方式。

在高校美育教育中，通过传统艺术形式的现代转化，学生的创新思维与表达能力得到了极大的增强。传统艺术形式，如书法、国画、戏曲等，经过现代科技和教育手段的创新应用，焕发出新的生命力。学生在学习和创作过程中，能够感

受到传统与现代交融的魅力，从而激发出更多创新的灵感和创意。这种转化不仅是形式上的变化，更是理念上的升华，使学生在艺术创作中能够灵活运用传统文化元素，创造出具有时代特色的艺术作品。

传统文化的美学思想为现代艺术创作提供了新的视角与灵感，这在高校美育教育中表现得尤为明显。传统文化中的哲学思想、审美观念和艺术表达方式，为现代艺术创作注入了丰富的内涵和多样的表现手法。学生通过对传统美学思想的学习，能够从中汲取灵感，将其融入现代艺术创作中。这种融会贯通的学习方式，不仅提升了学生的艺术创作能力，还培养了他们对传统文化的深刻理解和热爱，使其在创作中能够自如地驾驭不同的艺术风格和表现形式。

在美育教育中融合传统和现代元素，培养学生的多元审美观是当前教育改革的重要方向。通过将传统文化与现代美育元素相结合，学生能够在多元文化的环境中，形成开放包容的审美观念。这种教育模式不仅拓宽了学生的文化视野，还增强了他们对不同文化的理解和尊重。在这一过程中，学生的审美能力、文化素养和创新思维都得到了全面的发展，为其未来的学习和生活奠定了坚实的基础。

（二）教育理念的更新

随着社会的不断发展，传统的教育理念已无法完全满足现代教育对学生综合素养的要求。因此，将中华优秀传统文化的核心价值观融入高校美育课程，显得尤为必要。这种融入不仅有助于学生在艺术创作中建立道德判断与审美能力的统一，还能帮助他们在艺术实践中深刻理解和传承中华文化的精髓。通过这种方式，学生能够更好地理解传统文化的内涵，从而在多元文化背景下形成独特的文化认同感和价值观。

更新美育教育理念，强调传统文化与现代教育理念的结合，是促进学生综合素养与创新能力提升的关键。传统文化蕴含着丰富的哲学思想和美学价值，这些都可以为现代教育提供新的视角和方法。通过将传统文化元素融入课程设计，教育者可以激发学生的创造性思维和问题解决能力。在这种教育模式下，学生不仅能够掌握现代科学技术知识，还能通过对传统文化的学习，增强文化自信和创新意识，为个人发展和社会进步贡献力量。

通过跨学科的教学模式，整合传统文化与现代艺术、科技等领域，可以有效培养学生的多元思维与创造性表达。跨学科教学不仅能够打破传统学科界限，还能促使学生在不同学科之间建立联系，形成系统的知识体系。这种教学模式鼓励学生在艺术创作中融入科技元素，或在科技应用中体现艺术审美，从而培养出既具备传统文化底蕴，又具备现代科技素养的复合型人才。这样的教育模式，能够更好地适应社会对创新型人才的需求。

利用现代科技手段，如数字媒体与虚拟现实，创新传统文化的传播方式，是增强学生参与感与体验感的重要途径。现代科技为传统文化的传播提供了新的平台和工具，使文化教育不再局限于课堂教学，而是可以通过多种形式进行。通过虚拟现实技术，学生可以身临其境地体验传统文化场景，增强对文化的感知和理解。同时，数字媒体的使用也使文化资源的获取更加便捷和丰富，学生可以通过多媒体资源进行自主学习和探索，激发学习兴趣。

（三）多元文化的包容

在高校美育教育中，多元文化的包容是实现中华优秀传统文化与现代美育教育理念融合的重要途径。多元文化的包容不仅是对不同文化背景的艺术表现形式的欣赏，也是对其内在价值的尊重和理解。通过强调对多元文化的尊重和理解，教育者可以培养学生的包容心和开放态度，使其能够欣赏和接纳不同文化背景下的艺术表现。这样的教育理念有助于学生在面对全球化的文化交流时，保持一种开放的心态，能够在多样化的文化氛围中自如地表达和交流。

为了进一步促进多元文化的包容，高校可以通过组织多元文化艺术活动，促进不同文化之间的交流与互动。这些活动不仅是文化展示的平台，也是学生之间交流思想、分享经验的重要渠道。在这些活动中，学生可以通过亲身参与，增强对多样性文化的认知和理解，进而在内心深处形成对多元文化的包容态度。这种态度不仅限于艺术领域，还可以扩展到生活的各个方面，使学生在面对不同文化时，能够以一种更加开放和包容的心态去理解和欣赏。

将多元文化的元素融入美育课程设计，是实现多元文化包容的关键一步。通过在课程中引入不同文化的艺术风格与表达方式，鼓励学生在创作中探索融合不同文化的可能性，这不仅拓宽了学生的艺术视野，还能激发他们的创造力。在创作过程中，学生可以尝试将不同文化的元素进行创新性的结合，从而创造出具有独特风格的艺术作品。这种跨文化的艺术创作与实践，不仅提升了学生的艺术素养，还培养了他们的创新能力和跨文化理解能力。

利用传统文化与现代文化的结合，可以激发学生的创新思维，推动跨文化的艺术创作与实践。在全球化的背景下，学生不仅需要理解和传承中华优秀传统文化，还需要具备全球视野。通过多元文化的教育理念，学生能够在国际化背景下，理解和传承中华优秀传统文化，同时也能在不同文化的碰撞中，找到自己的文化定位。这种全球视野和文化自信，将帮助学生在未来的国际舞台上，展示中华文化的独特魅力，并为世界文化的发展贡献自己的力量。

四、传统文化对高校美育教育目标的支持

（一）人文素养的提升

人文素养的提升在高校美育教育中具有重要地位。通过对传统文化经典的学习，学生能够增强人文关怀意识。这种意识不仅体现在对他人及社会的关心上，还在于艺术创作中对社会责任感与伦理道德的重视。传统文化中蕴含的深厚思想和价值观，能够引导学生在艺术表达中关注人类的共同命运和社会的可持续发展。通过经典的研读，学生可以汲取古代先贤的智慧，丰富其内心世界，并在艺术创作中体现出更高层次的思想境界。

传统文化的审美标准与价值观的传递，对学生建立全面的人文素养起到了关键作用。通过接触传统文化中的美学思想，学生能够提升对美的理解与鉴赏能力。这种能力不仅限于对艺术作品的欣赏，还包括对生活中美的感知与追求。传统文化强调的和谐美、自然美和内在美等理念，帮助学生在日常生活中发现美、创造美，从而提升其生活质量和精神境界。通过对传统文化的学习，学生可以形成正确的价值观，进而在艺术创作中体现出积极向上的人生态度。

参与传统文化活动是学生认知历史与文化的重要途径。通过参与这些活动，学生能够增强文化自信与身份认同。在活动中，学生不仅能体验到传统文化的魅力，还能加深对自身文化根源的理解。这种认知有助于学生在全球化背景下保持文化自觉，增强民族自豪感。传统文化活动提供了一个平台，让学生在互动中分享和传承文化，促进其对历史的理解和对未来的展望。

通过传统艺术形式的学习与实践，学生的创造力与批判性思维得以培养。这些艺术形式包括书法、绘画、音乐等，它们不仅是文化的载体，也是思维训练的工具。在学习过程中，学生需要不断探索和创新，这有助于提升其综合素质与人

文素养。批判性思维的培养使学生能够更好地分析和解决问题，提升其在艺术创作中的独立性和创造性。

传统文化教育的融入激发了学生对人类文明的思考与理解。通过接触多元文化，学生能够在多元文化背景下形成开放心态与包容精神。传统文化中的智慧与哲学思想，如“和而不同”“中庸之道”等，能够引导学生在面对文化差异时保持包容和理解。这种思维方式不仅有助于学生在全球化的世界中与不同文化背景的人进行有效沟通，也促进了其自身的全面发展。

（二）创新精神的激发

在高校美育教育中，通过传统文化艺术创作项目，学生可以在创作过程中结合传统元素与个人风格，这不仅有助于培养他们的创新思维，还能让他们在艺术创作中找到自我表达的途径。传统文化中的丰富元素为学生提供了广阔的创作素材，他们可以从中汲取灵感，进而在作品中展现出独特的艺术风格。这样的创作过程，不仅是对传统文化的继承和发展，也是在培养学生的创新能力和艺术素养。

利用传统文化中的美学理念，可以促进学生在艺术表达中探索新的表现形式。传统文化蕴含着深厚的美学思想，这些思想可以为学生提供新的视角和思考方式。在艺术创作中，学生可以通过对传统美学的理解和运用，激发他们的创造力，尝试突破常规的表现手法，探索多样化的艺术表达。这种探索过程，不仅能提升学生的艺术表现力，还能增强他们对传统文化的理解和认同感。

组织跨学科的传统文化与现代艺术相结合的工作坊，是激发学生创新精神的有效方式。在这样的工作坊中，学生可以通过实践活动，探索传统文化与现代艺术的融合，推动艺术创作的多样性。这种跨学科的学习方式，能够激发学生的创造力和想象力，促使他们在不同学科的交会点上，找到创新的灵感和解决问题的能力。通过这种实践，学生不仅能够提升自己的艺术创作能力，还能在团队合作中培养沟通与协作的能力。

引导学生在传统文化的基础上进行主题创作，是激发他们想象力和独立思考能力的重要手段。通过主题创作，学生可以深入挖掘传统文化的内涵，结合个人的理解和思考，形成独特的艺术视角。这种创作方式，不仅能增强学生的艺术表现力，还能培养他们的批判性思维和问题解决能力。在创作过程中，学生需要不

断地进行自我反思和调整，这种自我驱动的学习过程，有助于他们形成独立的艺术风格和创作理念。

（三）社会责任感的增强

在现代社会中，社会责任感的培养是高校教育的重要目标。通过中华优秀传统文化的学习，学生可以更加关注社会问题，培养对弱势群体的同情心与责任感。传统文化中蕴含的丰富伦理思想，能够引导学生在艺术创作和日常生活中思考社会责任与道德义务。在美育课程中，教师可以通过分析传统文化中的经典案例，帮助学生理解责任与义务的重要性。通过这种方式，学生不仅能够提升艺术素养，还能在潜移默化中增强社会责任感。

将传统文化的伦理思想融入美育课程，可以有效引导学生在艺术创作中思考社会责任与道德义务。例如，课程中可以引入儒家思想中的仁爱理念，鼓励学生在艺术作品中表达对社会现象的思考与关怀。通过对传统文化经典作品的分析与讨论，学生能够更加深入地理解社会责任的内涵，并在创作中自觉地融入这些思考。这种教育方式不仅提升了学生的艺术鉴赏能力，也培养了他们的社会责任感和道德意识。

组织与传统文化相关的志愿服务活动，是增强学生社会责任感的有效途径。高校可以通过与社区合作，开展传统文化主题的志愿服务活动，鼓励学生将课堂所学应用于社会实践。这种实践活动不仅能提升学生的社会责任感，还能增强他们对国家和民族文化的认同感。通过亲身参与，学生能够更好地理解传统文化的价值，并激发为社会贡献力量的意识。这种实践教育方式，能够在潜移默化中培养学生的社会责任感。

通过传统文化的传承与推广，学生对国家和民族文化的认同感得以增强，从而激发其为社会贡献力量的意识。学校可以通过举办传统文化节、文化讲座等活动，增强学生对传统文化的理解与认同。在这些活动中，学生不仅能够学习到传统文化的精髓，还能通过参与活动增强对社会责任的认知。这种文化认同感的培养，有助于学生在未来的社会生活中，自觉地践行社会责任，为国家和社会的发展贡献力量。

第四章　中华优秀传统文化融入高校美育课程的路径

第一节　开设中华优秀传统文化美育课程

一、中华优秀传统文化美育课程的目标设定

（一）培养文化认同感

中华优秀传统文化美育课程的核心目标是培养学生的文化认同感。通过系统设计的课程内容，学生能够深入理解民族文化的精髓，从而增强对自身文化的认同。这种认同感不仅是对文化表象的认知，更是对文化内涵的深刻理解。课程通过多样化的教学方式，如讲座、研讨、实践活动等，帮助学生在学习过程中体验和感受传统文化的魅力。这种体验式学习能够激发学生的情感共鸣，使他们在潜移默化中增强文化自信。此外，课程还强调中华优秀传统文化的美学价值，引导学生在美育中发现和欣赏传统艺术的独特之美。通过对传统艺术形式的欣赏，学生能够更好地理解文化符号和元素的意义，并在日常生活中运用这些文化符号，形成对传统文化的认知与运用能力。

通过中华优秀传统文化课程，学生不仅在知识层面上加深了对民族文化的理解，还在情感层面上与传统文化产生了共鸣。这种情感共鸣是文化认同感的重要组成部分。课程设计注重引导学生在学习过程中，感受传统文化的魅力，从而激发他们对文化的热爱和自豪感。文化自信的增强有助于学生在全球化背景下，能够自信地表达和传承自己的文化。课程还通过丰富的实践活动，如文化节、传统技艺展示等，激发学生对传统文化的兴趣与参与感。这些活动不仅丰富了学生的校园生活，也为他们提供了一个展示和传承中华优秀传统文化的平台。

引导学生在美育中发现和欣赏传统艺术的美学价值是培养文化认同感的重要途径之一。通过对传统艺术作品的欣赏，学生能够感受中华文化的深厚底蕴和独特魅力。课程设置中，注重选择具有代表性的传统艺术作品，如书法、国画、戏曲等，让学生在欣赏中理解艺术作品背后的文化背景和价值观。这种欣赏不是仅停留在视觉层面，更是对文化内涵的深刻体悟。通过对传统艺术的探索，学生能够更好地理解传统文化的价值，并在此基础上，提升自己的审美能力和文化素养。

促进学生对传统文化符号和元素的认知与运用是中华优秀传统文化美育课程的重要目标。课程通过对传统文化符号的讲解和分析，帮助学生理解这些符号所承载的文化意义。学生在学习过程中，通过对符号的认知，能够更好地理解和运用这些文化元素。在实践中，学生被鼓励将传统文化符号应用于他们的创作中，如绘画、设计等，从而实现对传统文化的现代诠释。这种运用不仅增强了学生对传统文化的理解，也激发了他们的创新能力，使传统文化能够在当代语境中焕发新的活力。

（二）提升审美能力

中华优秀传统文化美育课程在提升学生审美能力方面具有重要意义。通过中华优秀传统文化的艺术形式，如书法、绘画、音乐、舞蹈等，学生能够在艺术欣赏中提高审美鉴赏能力。这些传统艺术形式不仅蕴含着深厚的文化底蕴，还提供了丰富的审美体验，使学生在欣赏过程中学会欣赏艺术作品的美感和内在价值。通过对传统艺术作品的分析与评价，学生能够逐步形成自己的审美标准，培养对美的独特感知。

引导学生理解传统文化中的美学理念是提升审美能力的关键。传统文化中蕴含的美学思想，如和谐美、自然美、意境美等，能够帮助学生在审美过程中形成个人的价值判断与审美观念。这种理解不仅限于感知层面，还需要学生在思维层面对美学理念进行深入探讨和反思，从而在审美实践中形成更为深刻的认识和

体会。

结合传统文化的元素，开展多样化的美育活动，可以激发学生的创造力与艺术表现能力。这些活动包括但不限于传统手工艺制作、戏曲表演、传统乐器演奏等，通过这些实践活动，学生能够在动手操作中体验艺术创造的乐趣，提升其审美实践能力。多样化的活动形式也为学生提供了展示自我、交流思想的平台，使他们在互动中不断提升对美的理解和表达能力。

通过对传统工艺、音乐、舞蹈等艺术形式的学习，学生能够增强对美的感知与体验。传统工艺的精细技艺、音乐的旋律美感、舞蹈的形体艺术，都是学生感知美的重要途径。这种感知不仅是感官上的享受，更是心灵上的愉悦与升华。在学习过程中，学生逐渐培养起对艺术的敏感度，能够更细腻地捕捉和欣赏生活中的美。

（三）增强文化自信

文化自信是一个民族在长期历史发展中形成的对自身文化价值观念的坚定信念。通过中华优秀传统文化课程，可以有效增强学生对中华民族历史和文化的认知，提升他们的文化自豪感。这些课程不仅涵盖了丰富的历史知识，还通过多样化的教学方式，如讲座、讨论、实践活动等，引导学生深入理解传统文化的精髓，使其在学习过程中体会中华文化的深厚底蕴和独特魅力。

为了引导学生了解传统文化在当代社会中的重要性，课程设计中融入了对传统文化现代价值的探讨。教师通过案例分析展示传统文化在现代生活中的应用，鼓励学生在日常生活中积极传承和弘扬传统文化。这种教学方法不仅促进了学生对传统文化的理解，也激发了他们在现实生活中应用传统文化智慧的兴趣和能力。

参与传统文化活动是增强学生对自身文化身份认同的重要途径。课程中安排了丰富的文化体验活动，如传统节日庆祝、文化遗产参观、传统技艺学习等。这些活动不仅让学生在实践中感受传统文化的魅力，也增强了他们对民族文化的归属感，激发了他们对中华文化的热爱和传承的责任感。

在全球化背景下，培养学生维护和传播中华优秀传统文化的责任感是高校美育课程的重要目标之一。通过课程学习，学生不仅了解了中华文化的历史演进和发展起源，还认识到在多元文化交流中保持文化自信的重要性。课程鼓励学生在

国际交流中积极传播中华文化，增强他们的文化自信、拓宽他们的国际视野。

二、中华优秀传统文化美育课程的内容选择

（一）经典文学作品

经典文学作品是中华优秀传统文化的重要组成部分，其不仅展现了丰富的语言艺术和文学价值，还深刻体现了中华民族的历史智慧与文化精神。这些作品通过生动的故事情节、鲜明的人物形象以及深刻的思想内涵，成为传承中华优秀传统文化的重要载体。在高校美育课程中，经典文学作品的选择应注重其文化内涵和教育价值，以帮助学生更好地理解和欣赏中华文化的精髓。

经典文学作品对中华优秀传统文化的体现与传承具有重要意义。这些作品通过文字的形式记录了不同时代的社会风貌、思想观念和情感世界，是中华民族精神的重要体现。通过对经典文学作品的学习，学生能够更深入地了解中华文化的独特魅力，增强文化自信心和民族认同感。高校美育课程应引导学生在阅读和分析经典文学作品的过程中，探寻其中蕴含的传统美学思想和价值观念，进而实现对中华优秀传统文化的传承。

通过经典文学作品分析传统美学与价值观的形成，可以帮助学生理解中华文化的深层内涵。这些作品以其独特的艺术表现手法和深刻的思想内涵，反映了中华民族的审美追求和价值取向。通过对作品中美学思想的探讨，学生能够更好地理解传统文化中的和谐美、自然美和人文美，从而提升自身的审美能力和文化素养。高校美育课程应注重引导学生在分析作品的过程中，结合历史背景和社会环境，探讨传统美学与价值观的形成与演变。

经典文学作品在提升学生语言表达能力与文学素养中扮演着重要角色。通过对经典作品的阅读与赏析，学生不仅能够提高语言表达的准确性和艺术性，还能丰富自身的文学知识和文化积淀。经典文学作品中的语言艺术和修辞手法，为学生提供了学习和借鉴的范例，有助于提升其文学创作能力和语言表达水平。美育课程应鼓励学生在阅读经典文学作品时，注重语言和文学技巧的学习，增强其语言表达能力和文学素养。

经典文学作品作为文化认同的重要载体，能够增强学生的文化自信心和民族归属感。这些作品中蕴含的民族精神、文化价值和历史记忆，是中华民族共同的

精神财富。通过对经典文学作品的学习，学生能够更好地理解和认同中华文化，从而增强对自身文化身份的认同感。高校美育课程应通过经典文学作品的教学，增进学生对中华文化的认同和热爱，培养其成为具有文化自信和国际视野的新时代青年。

（二）传统艺术形式

传统艺术形式作为中华优秀传统文化的重要组成部分，具有深厚的文化底蕴和丰富的表现力。这些艺术形式在美育课程中不仅能帮助学生了解和传承中华文化，还能培养他们的艺术素养和审美能力。传统音乐作为其中的代表，以其多样的基本形式和独特的风格，为美育课程提供了丰富的教学素材。通过欣赏和学习传统音乐，学生能够感受到音乐中蕴含的民族情感和历史积淀，从而提高自身的音乐鉴赏力和文化理解力。这种音乐教育不仅是技艺的传授，更是文化的传递。

在传统舞蹈方面，其独特的表现手法和深刻的文化内涵，为学生提供了身体表达能力发展的新途径。传统舞蹈通过肢体语言传递情感和文化信息，学生在学习过程中不仅能够提高身体的协调性和表现力，还能更深刻地理解舞蹈背后的文化背景和历史故事。通过参与舞蹈表演，学生能够体验到集体创作的乐趣和团队协作的重要性，这对于他们的综合素养提升具有积极的作用。

传统工艺的技艺传承与创新在美育课程中扮演着重要角色。通过学习传统工艺，学生可以了解古代工匠的智慧和创造力，同时激发自身的动手能力与创造力。在制作过程中，学生需要运用多种技能，如设计、雕刻、绘画等，这不仅锻炼了他们的手工能力，还培养了他们的创新思维。传统工艺的学习过程是对学生耐心和专注力的考验，也是对他们创新精神的激励。

书法艺术作为中华文化的瑰宝，其独特的审美价值和文化象征意义在美育课程中具有不可替代的地位。通过书法练习，学生能够提升自己的艺术修养和审美鉴赏力。书法不仅是一种技艺，更是一种文化修养的体现。通过对书法作品的分析和临摹，学生能够更深刻地理解汉字的美感和书法的文化内涵，从而提高自身的文化素养。

传统戏剧以其独特的叙事结构和表演艺术，在培养学生综合艺术素养和团队合作能力方面发挥着重要作用。戏剧表演需要演员的全面参与，包括台词、动作、

表情等多个方面，这对于学生的综合素质要求较高。在戏剧课程中，学生通过分角色表演和团队合作，能够提高自己的表达能力、培养自己的合作精神，同时也能在表演中体验到中华传统文化的魅力和内涵。

（三）历史文化遗产

历史文化遗产作为中华优秀传统文化的重要组成部分，承载着丰富的历史信息和文化内涵。通过对历史文化遗产的定义与分类，学生能够更全面地理解其在中华文化中的重要性。历史文化遗产不仅包括古建筑、文物、非物质文化遗产等有形和无形的文化表现形式，还涵盖了传统思想、价值观和生活方式。通过课程中对这些内容的系统介绍，学生可以从多维度认识中华文化的博大精深，增强对自身文化身份的认同感。

实地考察与研究是历史文化遗产教学中的重要环节，它能够为学生提供直观的传统文化体验。在课堂之外，组织学生到历史遗址、博物馆等地进行实地考察，可以使学生在真实的环境中感受历史文化遗产的魅力。这种亲身体验不仅能够加深学生对所学知识的理解，还能激发他们的学习兴趣和探索精神。同时，通过研究性学习，学生可以在导师的指导下进行小组合作，深入探讨某一文化遗产的背景、现状及其保护问题，从而培养批判性思维和问题解决能力。

保护与传承历史文化遗产是每个公民的责任，高校美育课程在这方面肩负着重要的教育使命。通过课程内容的设置，学生可以了解文化遗产保护的基本原则和方法，认识到保护文化遗产不仅是政府和专家的职责，也是每个普通人的责任。课程可以通过案例分析，展示成功的文化遗产保护与传承实例，增强学生的责任感与参与意识，鼓励他们在日常生活中关注和支持文化遗产保护工作。

在高校美育课程中，历史文化遗产的应用能够有效促进学生的跨学科思维与综合素养的提升。通过对历史文化遗产的学习，学生可以将历史、艺术、建筑、社会学等多学科知识进行整合，形成系统的文化认知。这种跨学科的学习方式不仅拓宽了学生的知识面，还培养了他们的综合分析能力和创新思维能力，为其未来的发展奠定了坚实的基础。

三、中华优秀传统文化美育课程的教学方法

（一）互动式教学

在中华优秀传统文化美育课程中，通过小组讨论，学生能够在交流中深入理解和思考中华优秀传统文化的内涵。这种教学方法不仅增强了课堂的参与感和互动性，还促进了学生在讨论中形成独立见解和批判性思维能力。小组讨论为学生提供了一个开放的平台，让他们在相互启发中加深对传统文化的理解。此外，互动式教学还可以通过问题导向的方式，引导学生在讨论中发现问题、解决问题，从而提升其学习的主动性和积极性。

角色扮演和情境模拟是互动式教学的重要组成部分，通过这些方法，学生能够在实践中体验传统文化的魅力。这种教学方式让学生置身于特定的文化背景中，通过扮演历史人物或参与文化活动，学生能够更直观地感受到文化内容的丰富性和多样性。这种体验式学习不仅增强了学生对文化的感知和认同，还培养了他们的创造力和合作能力。角色扮演和情境模拟为学生提供了一个沉浸式的学习环境，使传统文化不再是抽象的知识，而是有温度的文化体验。

多媒体技术的应用为互动式教学注入了新的活力。通过将多媒体技术与传统文化内容相结合，教师可以创造出更加生动和富有吸引力的学习环境。生动的动画、丰富的音频以及交互式的内容展示，能够激发学生的兴趣和好奇心，使学习过程更加愉悦和高效。多媒体技术不仅丰富了教学手段，还为学生提供了多感官的学习体验，帮助他们更好地理解和记忆传统文化内容。这种技术的应用，使得传统文化的教学更加贴近现代学生的学习习惯和需求。

（二）项目式学习

项目式学习是一种以学生为中心的教学方法，通过实际项目的实施，增强学生对中华优秀传统文化的理解与应用能力。这种学习方法不仅强调知识的获取，更注重培养学生在真实情境中解决问题的能力。通过设计、实施与传统文化相关的项目，学生能够在实践中加深对文化内涵的理解，培养他们对传统文化的浓厚兴趣和认同感。

在项目式学习过程中，学生需要在团队中合作完成任务，这不仅培养了他们的团队合作精神和沟通能力，还提升了他们的综合素养。在团队协作中，不同背景和兴趣的学生可以互补长短，共同完成复杂的任务。这种合作学习的模式，有助于学生在相互学习中提高自身的社会交往能力和文化理解能力，为将来走向社会打下良好的基础。

项目式学习强调理论知识与实际操作的结合，通过项目的实施，学生能够体验到学习的实践性与趣味性。学生在动手实践中，不仅能巩固课堂所学，还能将理论知识运用于实际问题的解决中。这种学习方式提高了学生的学习动机，使他们在参与项目的过程中，获得更为深刻的学习体验和成就感。

这种学习模式鼓励学生自主探索与创新，激发他们对传统文化的创造性思维与表达能力。在项目实施过程中，学生有机会根据自己的兴趣和特长，自主选择项目的方向和内容，这种自主性有助于培养他们的创新思维和解决问题的能力。通过不断的尝试与创新，学生能够在传统文化的基础上，创造出具有个人特色的文化作品。

（三）多媒体辅助教学

在中华优秀传统文化课程中，通过多媒体技术，传统文化的教学不再局限于书本和讲授，视频、音频等多种形式的运用，使传统艺术能够生动呈现，极大地增强了学生的学习体验。多媒体的应用不仅丰富了教学内容，也激发了学生的学习兴趣，使他们更愿意投入到中华优秀传统文化的学习中去。

在多媒体辅助教学中，视觉艺术的展示尤为重要。通过多媒体技术，教师可以将书法、绘画等传统文化的视觉艺术直观地呈现给学生。这种方式不仅让学生更加容易理解艺术作品的美学特征，还帮助他们深入挖掘其中蕴含的文化内涵。通过对视觉艺术的直观展示，学生能够更好地领悟中华优秀传统文化的精髓，提升他们的审美能力和文化素养。

多媒体辅助教学还提供了一个互动的平台，学生可以通过在线讨论和分享，深入交流对中华优秀传统文化的理解。这样的互动不仅促进了学生之间的沟通，也激发了他们的思考和探究精神。在多媒体平台上，学生能够就某一文化现象发表自己的看法，并与同学和教师进行交流，这种开放的学习环境有助于培养学生的批判性思维和创新能力。

虚拟现实技术的应用是多媒体辅助教学的一个亮点。通过虚拟现实技术，学生可以置身于一个沉浸式的学习环境中，亲身体验传统文化的魅力。这种身临其境的学习体验，不仅加深了学生对传统文化的理解，也激发了他们的学习热情。虚拟现实技术的应用，使传统文化的教学更加生动、立体，为学生提供了一个全新的学习视角。

四、中华优秀传统文化美育课程的课程评价

（一）学生反馈机制

学生反馈机制在课程评价中扮演着至关重要的角色。建立定期的学生反馈问卷是其中一个有效的方法。通过收集学生对课程内容、教学方法和实践活动的意见与建议，教育者可以及时调整课程设计，以更好地满足学生的需求。问卷调查不仅能揭示课程的优缺点，还能为教学改进提供具体方向。此外，设立课程讨论会也是促进学生反馈的有效途径。在讨论会上，学生可以在小组内分享他们的学习体验和感受，这种互动形式不仅促进了学生之间的相互学习与理解，还能激发学生的思考与创新能力。

鼓励学生在课堂上进行即时反馈是提高教学效率的一种方式。教师可以根据学生的反应和问题，灵活调整教学节奏和内容。这种动态的教学方法不仅能提高学生的学习兴趣，还能帮助教师更好地掌握学生的学习状态和需求。利用在线平台收集学生对课程的评价，也是现代教育中不可或缺的一部分。通过分析收集到的数据，教育者能够识别课程的优缺点，从而促进课程的持续改进。这种数据驱动的评价方式，使课程设计更加科学和合理。

实施学生自评机制是增强学生学习主动性与责任感的重要手段。通过自评，学生可以对自己的学习成果进行反思与评价。这不仅有助于学生明确自身的学习目标和方向，还能提高他们的自我管理能力。自评机制的引入，使学生在学习过程中不再是被动的接受者，而是积极的参与者。这种转变，不仅增强了学生的学习效果，也为课程的进一步优化提供了宝贵的参考。

（二）多元化评价标准

在中华优秀传统文化美育课程中，采用多元化评价标准是提高课程质量的重要手段。多元化评价不仅关注学生的学习结果，还注重学习过程中的各种表现，从而全面反映学生的综合素质。基于学生的艺术表现能力进行评价是多元化评价的核心之一。通过观察和分析学生在传统文化艺术创作中的创新性和表

现力，教师可以更好地了解学生对传统文化艺术的理解和掌握程度。这种评价方式不仅鼓励学生发挥创造力和想象力，还能激发他们对中华传统文化的兴趣和热情。

对学生参与传统文化活动的积极性进行评估，也是多元化评价的重要组成部分。学生在参与各种传统文化活动时表现出的积极性，直接反映了他们对中华优秀传统文化的认同感和归属感。通过定期组织和评估这些活动，教师可以帮助学生更深入地体验和理解传统文化的价值与魅力。评估学生的参与积极性，不仅能激励学生更积极地投入到文化活动中，还能增强他们的文化自信和民族自豪感。

在课程评价中，设置对学生文化理解深度的考核，可以有效地评估学生在课程中对传统文化内涵的掌握程度。通过设计一系列考核任务，如论文撰写、口头报告和辩论等，教师能够更好地了解学生对文化知识的理解深度。这种考核方式不仅能检测学生的知识掌握情况，还能培养他们的批判性思维能力和表达能力，使他们在文化理解上达到更高的层次。

结合学生的团队合作能力进行评价，是多元化评价标准中的另一重要方面。在项目式学习中，学生需要与团队成员密切合作，共同完成任务。通过对团队合作能力的评价，教师可以关注学生在协作中的表现与贡献。这种评价方式不仅培养了学生的合作精神和沟通能力，还提高了他们解决问题的能力，使他们在团队中学会互相尊重和支持。

第二节　现有美育课程中优秀传统文化的融入

一、传统文化元素在美育课程中的应用

（一）传统音乐元素的融入

传统音乐元素在高校美育课程中的应用，体现了中华优秀传统文化的深厚底蕴与独特魅力。传统音乐不仅是文化的载体，还是美育教学的重要资源。通过将

传统音乐元素融入美育课程，学生不仅能够感受音乐的美感与韵律，还能在潜移默化中接受传统文化的熏陶。传统音乐元素的基本特征，如旋律的优美、节奏的多样性和音色的丰富性，为美育课程提供了丰富的教学素材。这些特征使传统音乐在美育课程中具有不可替代的重要性，能够有效地提升学生的音乐素养与审美能力。

在美育课程中，通过传统音乐的欣赏与分析，学生可以深入了解音乐作品的结构与内涵，进而提升他们的音乐鉴赏能力。欣赏传统音乐不仅是感官的享受，更是心灵的洗礼。通过对音乐作品的分析，学生能够理解音乐背后的文化背景与历史演进，这对于培养他们的审美能力具有重要意义。此外，结合传统音乐的表演，学生在实践中能够增强身体的协调性与艺术表现力。传统音乐的表演往往要求学生具备一定的身体协调能力，通过反复的练习与演出，学生的艺术表现力能够得到显著提升。

传统音乐创作活动在美育课程中同样具有重要作用。通过创作活动，学生能够将所学的音乐知识应用于实际，激发他们的创造力与个性表达。在创作过程中，学生需要综合运用音乐的旋律、节奏和和声等元素，这不仅考验他们的音乐技能，也锻炼了他们的创新思维能力。创作活动为学生提供了一个展示自我的平台，使他们能够在音乐中表达个性与情感。

（二）传统绘画元素的运用

传统绘画作为中华优秀传统文化的重要组成部分，其在高校美育课程中的应用具有深远意义。传统绘画元素的基本风格与技法，不仅丰富了美育课程的内容，还帮助学生理解这些元素在课程中的表现形式与文化内涵。通过对传统绘画技法的学习，学生能够更好地掌握线条、色彩和构图的运用，从而在美育课程中实现更深刻的文化体验。传统绘画的多样性和丰富性，使其成为美育课程中不可或缺的组成部分，为学生提供了一个探索和理解中华文化的窗口。

通过传统绘画的欣赏与临摹，学生的观察能力与艺术鉴赏水平得到显著提升。在欣赏过程中，学生不仅可以感受到传统绘画的艺术魅力，还能更深入地理解其中蕴含的文化意蕴。临摹传统绘画作品的实践活动，促使学生在细致观察的同时，提升对艺术作品的鉴赏能力。这一过程不仅是对学生艺术技能的锻炼，更是对其文化素养的提升，帮助他们在美育课程中形成更为全面的艺术理

解与认知。

结合传统绘画创作活动，激发学生的创造力与个性化表达，培养其艺术思维是美育教育的重要目标之一。通过创作，学生能够将传统绘画元素与现代艺术表达相结合，探索属于自己的艺术风格。在这一过程中，学生的创造力得到充分激发，他们在艺术创作中展现出的个性化表达，成为其艺术思维成长的重要标志。这不仅丰富了美育课程的教学模式，也为学生提供了更多展示自我的机会，有助于其综合艺术素养的提升。

利用传统绘画中的象征意义与主题，增强学生对中华优秀传统文化的认同感与文化自信。在传统绘画中，许多作品通过象征手法表达了深刻的文化主题，这些主题往往与中华文化的核心价值观紧密相连。通过对这些象征意义的解读，学生能够更好地理解中华文化的深层内涵，从而增强对自身文化的认同感与自信心。这种认同感和自信心的增强，不仅是美育课程的目标之一，也是中华优秀传统文化在高校教育中应用的重要成果。

（三）传统服饰元素的展示

在高校美育课程中融入传统服饰元素，是深化中华优秀传统文化教育的重要路径之一。传统服饰不仅是服装的外在表现，也是中华文化的象征与载体。通过展示传统服饰元素，学生可以直观地感受服饰在历史长河中的演变以及其在文化传承中的重要性。这种展示不仅有助于学生理解服饰在中华优秀传统文化中的地位与作用，还能引导他们深入思考服饰背后的文化内涵和历史背景。

传统服饰的基本构成要素，如颜色、纹样、材质等，蕴含着丰富的文化象征意义。例如，汉服中的云纹、龙纹等，不仅是装饰，更是权力、地位、吉祥等文化符号的体现。在美育课程中，通过对这些元素的解读，学生可以提升对服饰美学的欣赏能力，培养其对美的多元理解。这种教育方式不仅丰富了学生的审美体验，也让他们在理解传统文化的过程中，感受到文化的深厚与多样。

结合传统服饰的制作工艺，开展手工制作活动，是一种将理论与实践相结合的有效教学方式。通过动手制作，学生不仅可以加深对传统服饰工艺的理解，还能增强动手能力与创造力。这种实践活动激发了学生对传统文化的兴趣，使他们在亲身体验中感受传统工艺的魅力与挑战。通过这种方式，学生能够更加主动地参与文化传承，培养对传统文化的热爱与责任感。

利用传统服饰的角色扮演与表演，是增强学生表现力与自信心的有效途径。在角色扮演中，学生可以通过扮演不同历史时期的人物，体验不同的文化背景与社会角色。这种体验式学习，不仅促进了学生对传统文化的认同感，还提升了他们的表现力与沟通能力。通过这种方式，学生能够更加深刻地理解传统文化的多样性与包容性，从而增强文化自信。

二、传统艺术形式与现代美育的结合

（一）传统戏曲与现代舞台艺术

传统戏曲作为中华优秀传统文化的重要组成部分，具有丰富的艺术表现形式和深厚的文化内涵。在现代美育课程中，传统戏曲与现代舞台艺术的结合，不仅丰富了课程内容，也为学生提供了多元化的艺术体验。通过将传统戏曲的艺术元素融入现代舞台，可以激发学生对传统文化的兴趣，增强他们的文化自信和民族认同感。这种结合方式不仅是对传统文化的传承，也是对现代艺术的创新，能够有效提高高校美育教育的质量和效率。

传统戏曲的艺术表现形式与现代舞台艺术的融合方式多种多样。首先，可以通过舞台布景、服装设计和灯光效果等方面，将传统戏曲的视觉元素融入现代舞台，以增强表演的视觉冲击力。其次，传统戏曲中的程式化动作和表演技巧可以与现代舞台的肢体语言相结合，形成独特的表演风格。此外，传统戏曲的声腔和唱腔也可以与现代音乐元素相结合，创造出新的音乐表现形式。这些融合方式不仅丰富了舞台艺术的表现手段，也为传统戏曲的现代化发展提供了新的路径。

通过现代技术手段提升传统戏曲的观赏性与表现力，是传统艺术形式与现代美育结合的重要途径。现代多媒体技术的应用，可以为传统戏曲的演出增添更多的视觉效果和听觉体验。例如，利用投影技术和虚拟现实技术，可以在舞台上营造出更加立体和动态的场景，使观众更容易沉浸在戏曲的故事情境中。音响技术的进步，也使传统戏曲的音乐表现更加丰富多彩。这些技术手段不仅提高了戏曲的观赏性，也使传统戏曲在现代舞台上焕发出新的生机。

传统戏曲的叙事手法与现代舞台剧本创作的结合，是实现传统与现代艺术有机融合的关键。传统戏曲以其独特的叙事结构和人物塑造方式，能够为现代舞台剧本的创作提供丰富的灵感和素材。通过对传统戏曲叙事手法的借鉴和创新，现代舞台剧本可以在故事情节的编排和角色塑造上更加生动和富有层次感。这种结合不仅能够增强戏剧作品的艺术感染力，也为传统戏曲的现代化表达提供了新的可能性。

在现代舞台中重新诠释传统戏曲角色与形象，是传统艺术形式与现代美育结合的又一重要方面。传统戏曲中的角色形象，往往具有鲜明的艺术特征和文化象征意义。在现代舞台上，通过对这些角色形象的重新诠释，可以赋予其新的时代内涵和文化意义。例如，传统戏曲中的忠臣孝子、才子佳人等角色，可以通过现代的视角和价值观进行重新塑造，使其在当代社会中具有更广泛的认同和共鸣。这种重新诠释，不仅是对传统文化的尊重和传承，也是对现代文化的创新和发展。

（二）传统书法与现代设计

在高校美育教育中，传统书法与现代设计的结合成为一种创新的教学方法。书法作为中华文化的瑰宝，不仅是一种艺术形式，也是文化传承的重要载体。现代设计则强调创新与实用性，将传统书法融入现代设计课程，可以帮助学生更好地理解和掌握传统文化的精髓。在课程中，通过对书法艺术的深入学习，学生能够体验到书法的线条美感和笔墨韵味，这种体验为现代设计注入了深厚的文化底蕴。通过这种结合，学生不仅提高了艺术修养，还增强了文化自信。

在现代设计教学中，传统书法的基本技法与现代设计理念的结合，能够为平面设计注入新的活力。在课程中，通过教授书法的笔法、结构、章法等基本技法，学生可以在设计中融入这些元素，创造出具有东方韵味的作品。例如，在标志设计中，书法的线条流畅性与现代设计的简约风格相结合，可以产生独特的视觉效果。此外，书法中的留白技法也可以在版面设计中得到应用，增强作品的艺术表现力。通过这种结合，学生不仅能提高设计能力，还能在作品中体现出深厚的文化内涵。

书法艺术的表现形式对现代字体设计有着深远的影响。在美育课程中，研究书法对字体设计的影响，可以帮助学生理解字形结构和笔画变化的艺术性。通过分析书法中的字形特点，学生可以在字体设计中融入书法的艺术元素，使设计作品更具文化内涵。例如，书法中的笔锋变化和墨色浓淡可以在字体设计中得到应用，增强字体的表现力和感染力。通过这种方式，学生不仅能够塑造出具有视觉冲击力的字体，还能在作品中传递出丰富的文化信息，提升设计作品的价值。

书法创作的过程充满了艺术灵感，这种灵感可以激发学生在现代设计中融入传统艺术元素。在课程中，通过书法创作的实践，学生可以体验到书法创作的灵感来源和创作过程，这种体验可以转化为设计灵感。例如，书法创作中的构思、布局和笔墨运用，可以为平面设计提供新的思路。学生可以将书法创作中的灵感应用于海报设计、包装设计等领域，创造出具有传统艺术魅力的现代设计作品。通过这种方式，学生不仅提高了设计创新能力，还在作品中体现出对传统文化的热爱与传承。

在新媒体设计中，书法作品的数字化处理为传统书法的创新表现提供了新的可能性。在美育课程中，通过对书法作品进行数字化处理，学生可以探索书法在新媒体设计中的应用价值。数字化处理可以使书法作品在动画、交互设计中得到更广泛的应用。例如，通过数字技术，书法的动态变化可以在多媒体平台上展示，增强观众的视觉体验。学生可以利用这种技术手段，将传统书法的艺术魅力融入现代媒体，创造出具有时代感的艺术作品。

（三）传统工艺与现代创意

传统工艺与现代创意的结合是当代美育课程中一个重要的探索领域。传统工艺不仅是中华优秀传统文化的重要组成部分，也是现代设计创新的重要灵感来源。通过将传统工艺的基本技法与现代创意设计相结合，可以激发学生对传统文化的兴趣与热情，促进文化的传承与创新。传统工艺的技法，如刺绣、陶瓷、剪纸等，蕴含着丰富的文化内涵和审美价值。在现代美育课程中，通过引导学生了解这些技法的历史背景和艺术特色，使其成为现代产品设计的灵感来源，可以有效地增强学生的文化认同感和创新能力。

通过现代材料与技术的应用，传统工艺的制作过程可以得到创新，进而提升其市场竞争力与可持续性。现代科技的发展为传统工艺的创新提供了新的可能性。例如，利用3D打印技术可以重现复杂的传统工艺细节，而现代环保材料则可以使传统工艺产品更具可持续性。这种创新不仅有助于传统工艺的现代化，也为学生提供了实践创新的机会。在美育课程中，教师可以通过项目式教学，鼓励学生运用现代技术和材料，对传统工艺进行再创造，培养其创新思维与实践能力。

在创意过程中进行传统工艺的再创造，是培养学生创新思维与实践能力的重要途径。通过引导学生在现代设计中融入传统工艺元素，促使其对传统文化进行深刻理解和认同。在此过程中，学生不仅能学习到传统工艺的技法和美学，还能通过创意设计提升自己的创新能力和文化素养。美育课程可以通过工作坊、艺术展览等形式，激励学生展示自己的创意作品，并通过反馈与反思进一步提升其设计能力。

利用数字化技术对传统工艺进行再现与传播，是拓宽其在现代社会中的应用场景与受众群体的有效手段。在数字化时代，传统工艺可以通过虚拟现实、增强现实等技术进行再现，使其更具互动性和观赏性。这不仅有助于传统工艺的保护与传承，也使其在现代社会中获得更广泛的关注和应用。高校美育课程可以通过与科技公司、文化机构的合作，开发数字化的传统工艺展示平台，提升学生的数字化素养和文化传播能力。

三、传统文化价值观在美育教学中的体现

（一）仁爱精神的传递

在中华优秀传统文化中，仁爱精神被视为核心价值观之一，其强调对他人的关怀与尊重。这一精神在高校美育课程中具有重要的教育意义，能够帮助学生建立良好的人际关系和社会责任感。美育课程通过多种方式传递仁爱精神，促使学生在学习中理解和认同中华文化中强调的和谐与共生的价值观。通过对传统仁爱思想的深入学习，学生不仅能够在理论上领悟这种价值观的内涵，还能在日常生活中积极实践仁爱精神，从而实现个人品德的提升。

在美育教学中，仁爱精神的传递可以通过传统文化艺术作品的分析与讨论来

实现。艺术作品作为文化的载体，蕴含着丰富的人文关怀与情感共鸣。例如，通过对古代诗词、绘画作品中仁爱主题的探讨，学生能够感受到艺术作品中所传达的关怀与情感。这种分析与讨论不仅有助于学生理解艺术作品的深层意义，还可以引导他们思考如何在现实生活中实践仁爱精神，从而在潜移默化中提升其人文素养与道德情操。

组织与仁爱相关的实践活动也是美育课程中传递仁爱精神的重要途径。通过参与志愿服务与社区互动，学生能够在真实的社会情境中体验到仁爱精神的实际意义。这样的活动不仅增强了学生对仁爱精神的实际体验与理解，也提升了他们的社会责任感。通过实践活动，学生能够更好地将仁爱精神内化为自身的行为准则，在与他人交往中表现出更强的同理心与责任感，为其未来的生活与工作奠定良好的道德基础。

（二）和谐理念的渗透

在当前的高校美育课程中，中华优秀传统文化的融入已经成为教育改革的重要方向。和谐理念作为传统文化的核心价值观，在美育教学中具有重要的体现意义。和谐理念强调人与自然、人与社会、人与自我的和谐关系，这不仅符合现代教育对学生全面发展的要求，也为培养学生的综合素质提供了理论依据。在美育课程中，和谐理念的渗透可以促进学生从多角度理解人与自然的关系，培养其环保意识与责任感。

通过对传统文化艺术作品的欣赏与分析，和谐理念的美学价值得以深入挖掘，学生在这一过程中不仅提高了审美情趣，还加深了对文化内涵的理解。这种欣赏与分析活动，不仅是对传统艺术的被动接受，更是对其内在精神的主动探索。学生在欣赏过程中，能够感受到作品中蕴含的和谐美，进而提升自身的文化素养。这种内化的过程，使和谐理念不仅停留在理论层面，而是成为学生日常生活和学习中的一部分。

在美育教学中融入和谐理念，教师可以通过多种形式的创作活动，鼓励学生关注作品的整体性与协调性。艺术创作不仅是个人才华的展示，更是对和谐理念的实践与验证。在创作过程中，学生需要考虑作品的结构、色彩、主题等多方面的协调，进而提升其艺术表现能力。这样的教学设计，不仅提高了学生的艺术素

养，也在潜移默化中使他们理解和谐理念的深刻内涵。

组织与和谐理念相关的实践活动，如团队合作项目，是美育教学的重要组成部分。这些活动不仅能够增强学生的合作精神与集体意识，还能借此培养他们的社会责任感。在团队合作中，学生学会尊重他人意见，理解团队协作的重要性，这与和谐理念中强调的社会和谐密切相关。通过这样的实践活动，学生不仅在专业技能上有所提升，还在社会适应能力上得到了锻炼。

（三）敬业态度的培养

在美育教学中，敬业态度的培养具有重要的内涵与价值。敬业不仅是对职业的基本要求，还是对艺术创作和文化传承的责任感的体现。高校美育教育应注重通过课程设计和教学活动，帮助学生树立这种责任感。敬业态度不仅关乎个人的职业发展，更与中华优秀传统文化的传承和发展息息相关。通过在课堂上强调艺术作品创作的严谨性和对文化传承的使命感，学生能够更深刻地理解其学习和创作的意义。

传统文化艺术家的敬业精神为学生提供了宝贵的学习榜样。通过对这些艺术家事迹的学习，学生能够感受到追求卓越与完美的精神力量。这种精神不仅体现在艺术创作的过程中，也渗透到学生日常的学习和生活中。艺术家的敬业精神往往体现为对艺术的热爱、对技艺的精益求精以及对文化传承的坚定信念，这些都可以激励学生在自己的学习和创作中不断追求更高的目标。

组织与敬业态度相关的实践活动是培养学生责任感和自豪感的有效途径。例如，通过艺术创作展示活动，学生可以在实践中体验到创作的乐趣和挑战，并在展示过程中感受到对作品的责任感。这种实践活动不仅锻炼了学生的艺术技能，也培养了他们的团队合作精神和集体荣誉感。在这样的活动中，学生能够切身体会敬业态度的重要性，并在实践中不断提升自我。

评估和反馈机制是提升学生敬业精神和自我管理能力的重要手段。在美育教育中，教师可以通过多样化的评估方式，帮助学生反思自己的学习态度与行为。通过及时的反馈，学生能够认识到自身的优缺点，并在此基础上进行改进。这样的机制不仅有助于学生提高自我管理能力，还能激励他们在学习过程中不断进步，逐步培养出良好的敬业态度。

第三节　编写具有中华优秀传统文化特色的美育教材

一、中华优秀传统文化美育教材的编写原则

（一）文化传承性

文化传承性在中华优秀传统文化美育教材的编写中至关重要。美育教材应当在内容上深刻体现中华优秀传统文化的核心价值观，如仁爱、和谐、诚信等，以此增强学生的文化认同感与自豪感。这不仅有助于学生在全球化背景下保持文化自信，还能促进他们对自身文化的深入理解和热爱。通过强调这些核心价值观，教材可以引导学生在日常生活中实践和弘扬传统文化精神，使之成为其人格发展的重要组成部分。

美育教材应当注重传统文化艺术形式的多样性。音乐、舞蹈、书法等多种艺术表现形式是中华文化的重要载体，能够丰富学生的文化体验。在教材编写过程中，需确保这些艺术形式的内容被全面涵盖，以使学生能够从多角度、多层次感受和理解传统文化的魅力。通过多样化的艺术形式，学生不仅可以提升审美能力，还能在欣赏与实践中获得情感的陶冶和心灵的净化。

结合当代社会需求，设计与中华优秀传统文化相关的实践活动是教材编写的一个重要原则。实践活动的设计应当考虑当代学生的兴趣和需求，以激发他们的学习动机和参与热情。通过参与这些活动，学生可以在真实情境中体验传统文化的内涵和价值，从而提高其主动参与和实践能力。这种实践导向的教育方式能够有效地将书本知识转化为学生的内在素养。

确保美育教材的内容与教学方法相结合，是提升学生对传统文化理解与欣赏能力的关键。采用互动式、项目式等多样化的教学策略，可以有效地提高学生的学习积极性和参与度。互动式教学能够促进师生之间的交流和思维碰撞，项目式学习则可以通过任务驱动的方式培养学生的综合能力。在这样的教学过程中，学生不仅能够加深对传统文化的理解，还能在实践中提升其审美能力和

文化素养。

（二）教育适应性

教育适应性在美育教材的编写中具有重要的指导意义。美育教材需要结合学生的认知水平和兴趣，以确保内容的易懂性与吸引力，从而提高学生的学习积极性。教材编写者应深入了解学生的心理和行为特征，设计出符合其认知发展阶段的内容。通过生动的语言和富有吸引力的图像，教材可以激发学生的好奇心，促使他们主动参与到学习过程中。这样不仅能够提高课堂教学的效率，还能帮助学生在潜移默化中接受中华优秀传统文化的熏陶。

教材内容与学生的生活经验和社会实际相结合，是提升其实用性的重要途径。通过将传统文化与学生的日常生活联系起来，学生能够在生活中发现和感受传统文化的存在，从而增强对其的理解与认同感。例如，教材中可以通过日常生活中的实际案例分析，展示传统文化在现代社会中的应用与价值，使学生能够在现实生活中感受传统文化的活力与魅力。

在编写美育教材时，考虑不同学科的交叉融合有助于促进学生在多元文化背景下的综合素养提升。中华优秀传统文化内容广博，涉及文学、艺术、历史等多个领域。因此，教材编写应注重不同学科之间的联系，通过跨学科的教学内容设计，帮助学生形成更加全面的文化视野。这种综合性的学习方法不仅能提高学生的文化素养，还能激发他们对多元文化的兴趣和探索精神。

美育教材应具备灵活性，允许教师根据班级特点和学生需求进行适当调整，以适应不同教学环境与学习目标。教师在使用教材时，可以根据学生的实际情况，灵活调整教学内容和方法，确保每个学生都能在适合自己的节奏下学习。灵活性的教材设计能够帮助教师更好地应对教学过程中出现的各种挑战，从而提高教学效率和学生的学习体验。

教材应注重多样化的教学活动设计，鼓励学生通过实践与创造，提升对中华优秀传统文化的理解与认同感。通过丰富多样的教学活动，如戏剧表演、艺术创作、文化体验等，学生能够在亲身参与中感受传统文化的魅力。这种实践性学习不仅能够加深学生对教材内容的理解，还能激发他们的创造力和想象力，培养学生的创新精神和实践能力。

二、中华优秀传统文化美育教材的内容选择

（一）经典作品选取

经典作品选取在美育教材编写中占据重要地位。经典作品选取应涵盖不同历史时期的代表性作品，这不仅能够展现中华优秀传统文化的多样性与丰富性，还可以帮助学生在历史的长河中领略文化的演变和积淀。通过不同历史时期的作品，学生可以感受文化的传承与变迁，理解中华文化的博大精深。同时，这些作品也为学生提供了一个多维度的文化视角，使他们在学习过程中能够更好地理解和欣赏传统文化的内涵。

在选择经典作品时，必须关注其文化内涵和艺术价值。具有深厚文化内涵的作品能够帮助学生理解传统文化中的核心价值观和美学理念。通过对这些作品的学习，学生可以深入体会中华文化中的仁、义、礼、智、信等价值观念，培养其道德情操和审美情趣。这些作品不仅是文学的载体，也是文化精神的体现，能够引导学生在文化的熏陶中形成正确的世界观、人生观和价值观。

经典作品的体裁多样性也是选择的重要考量。诗歌、散文、小说等不同体裁的作品各具特色，能够激发学生的兴趣并提升其文学素养。诗歌的韵律美、散文的抒情性、小说的叙事技巧都为学生提供了多样的文学体验，丰富其文学知识，提升其文学鉴赏能力。通过体裁的多样化，学生可以在不同的文学形式中发现语言的魅力，培养其对文学艺术的热爱。

在选取经典作品时，还需考虑其在当代社会的相关性。现代教育不仅是对传统文化的传承，更是对其在现代生活中的应用与理解。选取那些在当代仍具影响力的作品，可以让学生在学习经典的同时，思考其在现代社会中的价值和意义。通过这种方式，学生可以将传统文化与现代生活相结合，增强其文化自信和认同感。

（二）地域文化特色

在美育教材中融入地域文化特色，是提升学生文化认同与审美能力的重要途径。地域文化不仅反映了特定地区的历史和传统，还蕴含着丰富的艺术表现形式和文化内涵。通过选取具有地方特色的经典作品，如地方戏曲、传统建筑，以及民间传说等，能够让学生更深入地认识本土文化。这种认识不是对文化的表层接

触，而是一种深刻的认同感的培养，能够帮助学生在全球化的背景下保持文化自信。教材中应当注重挖掘地域文化的精髓，使学生在学习过程中感受到家乡文化的魅力。

将地方传统艺术形式纳入美育教材，是丰富教学内容的重要手段。民间音乐、舞蹈作为地域文化的重要组成部分，具有独特的艺术魅力和教育价值。在美育课程中引入这些艺术形式，不仅可以提升学生的审美能力，还能让他们在实践中体验艺术创作的乐趣。通过欣赏和学习地方音乐、舞蹈，学生能够更好地理解这些艺术形式的文化背景和表现手法，从而培养其艺术鉴赏力和文化敏感度。这种结合不仅丰富了课程内容，也为学生提供了多样化的学习体验。

地域文化的节庆活动是美育实践的重要内容。通过设计与地方节庆相关的美育实践项目，学生可以在参与中增强对传统文化的理解与热爱。节庆活动通常包含丰富的文化元素，如传统舞蹈、民俗表演、手工艺展示等，这些都可以成为美育教材的生动素材。在这些活动中，学生不仅能够体验到传统文化的活力，还能通过亲身参与来提高自己的实践能力。这种参与式的学习方式，有助于学生在实践中内化文化知识，增强对传统文化的参与感和归属感。

探索不同地域的传统工艺和手工艺，是培养学生创造力的重要途径。在美育课程中，鼓励学生通过动手实践来学习传统工艺，如陶艺、剪纸、刺绣等，能够激发他们的创造潜能。这些工艺不但蕴含着深厚的文化底蕴，还需要一定的技巧和创造力。通过实践，学生可以在动手中体会传统工艺的魅力，培养自己的动手能力和创新思维。这种学习方式不仅让学生掌握了一技之长，更重要的是增强了他们对传统文化的理解与传承意识。

（三）时代精神融入

在编写具有中华优秀传统文化特色的美育教材时，将时代精神融入其中是一个重要的策略。时代精神在美育教材中的体现，不是对传统文化的简单传递，而是通过引导学生理解当代社会的价值观与文化现象，增强其对传统文化的现代解读能力。这种解读能力对于学生来说，是一种批判性思维的培养，使他们能够在纷繁复杂的文化现象中找到属于自己的价值定位。这种能力的培养，不仅能够帮助学生更好地理解传统文化的内涵，同时也能促进他们在现代社会中形成独立的文化视角。

将时代精神融入中华优秀传统文化的教学内容，鼓励学生探讨如何在当代社会中传承与创新传统文化，是美育教材编写中的核心任务。在这一过程中，教师可以通过设计一系列的讨论与研究活动，引导学生思考传统文化在现代社会中的地位与作用。这不仅可以加深学生对传统文化的理解，还可以激发他们的创新思维，使他们在传承文化的同时，能够提出新的诠释与应用方式。这种探讨与创新的过程，是学生在美育课程中实现自我价值的一个重要途径。

通过时代精神的引导，培养学生的社会责任感，促使他们在美育课程中关注社会问题与文化现象，是美育教育的重要目标。在这一过程中，教师可以通过案例分析的方式，引导学生关注社会中的文化现象与问题，培养他们的社会责任感与文化敏感性。这种关注不仅能够提升学生的文化素养，还能促使他们在日常生活中积极参与社会文化活动，成为具有社会责任感的文化传承者。这种责任感的培养，是学生在美育课程中实现个人与社会价值的重要体现。

结合时代精神，设计与当代艺术形式相结合的美育实践活动，激发学生的创造力与艺术表现力，是美育教材编写中的一个重要环节。在这一过程中，教师可以通过引入现代艺术形式，如数字艺术、装置艺术等，激发学生的创造力与表现力。这不仅能够丰富美育课程的内容，还能使学生在实践中感受到传统文化与现代艺术的融合之美。这种实践活动的设计，不仅能够提升学生的艺术素养，还能激发他们对文化创新的兴趣与热情。

三、中华优秀传统文化美育教材的结构设计

（一）模块化设计

模块化设计是一种将教材内容划分为相互独立但又相互关联的单元的方法。这种设计理念源于系统工程学，强调通过模块的组合与拆分，实现教材内容的灵活配置。模块化设计在美育教材中的应用，能够有效地将中华优秀传统文化的丰富内涵分解为若干核心主题，使学生在学习过程中逐步深入理解。模块化设计不仅有助于教材的编写与实施，还为教学提供了多样性的选择，满足不同教学情境的需求。

模块化设计的基本概念与原则在于明确每个模块的教学目标和内容范围，确保模块之间的逻辑关联性和独立性。每个模块应当包含具体的学习目标、内容要

点以及相应的教学活动和评价方式。在中华优秀传统文化美育教材中，模块化设计可以围绕“儒家思想与美育”“传统艺术与美育”等主题展开，通过模块化的安排，帮助学生逐步构建对中华文化的整体认知。这样的设计原则不仅提高了教材的系统性和完整性，也增强了学生的学习兴趣。

模块化设计在美育教材中的应用示例包括以“书法艺术”为主题的模块，通过介绍书法的历史、技法和文化内涵，结合实践活动如书法创作与欣赏，让学生在动手实践中感受传统艺术的魅力。这样的模块设计不仅关注知识的传授，更强调学生的参与和体验，促进学生对中华优秀传统文化的深刻理解。通过模块化设计，教师可以根据教学进度灵活调整模块的顺序和内容，确保教学的有效性和针对性。

模块化设计对学生学习效果的影响主要体现在提高学习的自主性和积极性。模块化设计的灵活结构使学生能够根据自身的兴趣和学习进度选择学习模块，从而提高学习的个性化和自主性。这种学习方式不仅激发了学生的学习动机，还促进了他们的自我管理能力和批判性思维能力的培养。此外，模块化设计通过多样化的教学活动和评价方式，帮助学生在实践中应用所学知识，增强了学习的实效性。

模块化设计的灵活性与适应性体现在其能够根据不同的教学需求和学生特点进行调整。在美育教材中，模块化设计可以根据不同年级、不同专业的学生进行个性化设置，以满足不同层次学生的学习需求。这种灵活性不仅体现在内容的选择上，还表现在教学方法的多样性上，为教师提供了丰富的教学资源和手段，促进了教学效率的提高。

（二）层次化安排

层次化安排是编写中华优秀传统文化美育教材的重要策略。它通过对教学内容的系统梳理和科学划分，使学生能够在学习过程中逐步深入理解中华优秀传统文化的精髓。这种结构设计不仅有助于提高学生的学习效率，还能激发学生的学习兴趣，促使他们在不同层次上获得不同的知识和技能。层次化安排强调知识传授的渐进性和系统性，确保学生在学习过程中能够循序渐进地掌握复杂的文化内涵。

层次化安排的基本原则与意义在于遵循学生的认知发展规律，合理设置教学内容的难度梯度。这种安排不仅关注知识的传授，还注重培养学生的思维能力和文化素养。通过层次化的教学设计，学生能够在不同的学习阶段获得相应的知识储备和技能提升，从而实现综合素质的全面发展。层次化安排的意义在于为学生提供了一个清晰的学习路径，使他们能够在系统学习中逐步积累和深化对中华优秀传统文化的理解和认同。

根据学生认知水平进行内容的分级设计是层次化安排的核心。不同年级、不同专业的学生具有不同的认知特点和学习需求，因此，教材编写应根据学生的认知水平进行内容的分级设计。初级阶段可以侧重于基础知识的传授和文化兴趣的激发；中级阶段则应逐步引入复杂的文化概念和理论分析；高级阶段则可以通过案例分析和专题研究，培养学生的批判性思维和创新能力。这样的分级设计能够有效地满足不同层次学生的学习需求。

结合不同艺术形式的特点进行内容的层次划分是提升美育教材吸引力的重要手段。中华优秀传统文化涵盖了广泛的艺术形式，包括音乐、舞蹈、绘画、书法等。在教材编写中，应充分考虑这些艺术形式的特点，通过层次划分，使学生在学习过程中能够感受到不同艺术形式的魅力。例如，在学习书法时，可以从基础的笔画练习开始，逐步过渡到复杂的作品创作；在学习音乐时，可以从简单的乐理知识入手，逐步提升到对经典作品的鉴赏和分析。

设计实践活动的递进性与挑战性是层次化安排的重要组成部分。实践活动的设计应体现出递进性，即随着学习阶段的推进，实践活动的难度和复杂性也应逐步增加。同时，活动的设计还应具有一定的挑战性，以激发学生的主动性和创造力。例如，可以通过设计不同层次的文化体验活动，让学生在实践中加深对传统文化的理解和感悟。递进性与挑战性的实践活动不仅能够巩固学生的理论知识，还能提升他们的实践能力和创新思维。

（三）逻辑性与连贯性

逻辑性与连贯性在美育教材的结构设计中扮演着至关重要的角色。教材的逻辑性确保了各个模块之间的内容能够自然衔接，形成一个系统化的知识体系。通过精心设计的逻辑结构，学生可以在学习过程中逐步积累知识，避免因内容跳跃而导致的理解障碍。这种系统化的设计不仅有助于学生理解中华优秀传统文化的深层内涵，还能激发他们对文化学习的兴趣和热情。

在教材编写过程中，通过层次化的安排，可以逐步引导学生深入理解中华优秀传统文化的各个方面。层次化的设计意味着教材内容从浅入深，从简单到复杂，循序渐进地展开。这样的安排能够增强学习的连贯性与系统性，使学生在学习过程中逐步构建对文化的全面认知。这种方法不仅帮助学生掌握知识，还培养了他们的分析和综合能力，为未来的深入学习打下坚实的基础。

为了促进知识的有效吸收与应用，教材中需要设置明确的学习目标和预期成果。通过清晰的学习目标，学生能够明确学习的方向和重点，建立清晰的学习路径。预期成果则帮助学生评估自己的学习进度和效果，使他们在学习过程中能够有的放矢。这种目标导向的学习方式，不仅提高了学习效率，还增强了学生的自我管理能力和学习自主性。

在教材设计中，利用实例和实践活动贯穿各个模块之间，可以有效增强学生的实际体验感。通过实践活动，学生能够将理论知识应用于实际情境中，体会中华优秀传统文化的现实意义。这种理论与实践相结合的学习方式，不仅增强了学习效果，还培养了学生的实践能力和创新思维，使他们能够在实际生活中应用所学知识。

四、中华优秀传统文化美育教材的语言风格

（一）通俗易懂

美育教材的语言风格在于其通俗易懂的特性，尤其在教授中华优秀传统文化时，这一点尤为重要。美育教材应该使用简单明了的语言，使学生能够轻松理解中华优秀传统文化的核心概念。这样的语言风格不仅能够降低学生在学习过程中的认知负担，还能够激发他们对传统文化的兴趣和热情。特别是在高校美育教育中，学生来自不同的学科背景，他们的文化基础和语言能力各异，因此，使用通俗易懂的语言是确保所有学生都能顺利理解教材内容的关键。

教材内容应避免使用复杂的术语，确保学生在学习过程中不会因语言障碍而失去兴趣。复杂的术语往往会造成理解上的困难，使学生在学习过程中感到挫败。因此，在编写美育教材时，应尽可能使用学生日常生活中常见的词汇和表达方式。通过这种方式，学生能够更自然地接受和吸收传统文化的知识。此外，简单明了

的语言也有助于学生在课后进行自主学习和复习，进一步巩固他们对所学内容的理解。

通过生动的例子和故事，帮助学生更好地感知和体验传统文化的美学与价值是教材编写的重要策略。生动的例子和故事能够将抽象的文化理念具象化，使学生在具体的情境中感受传统文化的魅力。例如，通过讲述古代名人的故事，学生可以更直观地理解传统文化中的道德观念和价值取向。这种方式不仅能够激发学生的学习兴趣，还能够帮助他们在潜移默化中接受和认同传统文化的价值。

在教材中运用通俗易懂的比喻和类比，使抽象的文化理念变得具体和易于接受。这种教学策略能够帮助学生建立对复杂文化概念的直观理解。例如，可以通过将传统文化中的某些理念与现代生活中的现象进行类比，使学生更容易理解这些理念的内涵和重要性。通过这种方式，学生能够在已有的知识框架中融入新的文化知识，从而提高学习效率。

教材设计应注重与学生日常生活的关联，以增强他们对传统文化的理解和认同感。通过将传统文化与学生的生活实际相结合，学生能够在学习过程中感受到文化的现实意义和实用价值。例如，可以在教材中引入与学生生活相关的传统节日、习俗和礼仪，使学生在学习过程中产生共鸣和认同。

（二）文学性与艺术性

在编写具有中华优秀传统文化特色的美育教材时，文学性与艺术性是不可或缺的要素。这不仅体现在教材的内容选择上，还在于语言表达的优美与深刻。文学性与艺术性在美育教材中的结合，可以通过多种方式实现，以提升学生的文化感受力，使其在学习过程中感受中华优秀传统文化的独特魅力。通过融入优美的文学语言，教材能够引导学生在潜移默化中提升文化素养，同时也为他们提供了一个欣赏与理解传统文化的平台。

在美育教材中，生动的叙述与描写是激发学生想象力的重要手段。通过这些文学手法，学生能够在艺术创作中更好地表达个人情感与文化认同。文学性不仅是语言的华美，也是情感的传达与心灵的共鸣。教材中应注重选取那些能够引起学生共鸣的内容，通过精练的语言和细腻的描写，使学生在学习过程中不仅获得知识，也能产生情感的共鸣与思维的启发，从而在艺术创作中更自如

地表达自我。

诗歌、散文等多种文学形式的运用，是培养学生语言艺术修养的重要途径。通过这些形式的学习，学生可以增强对传统文化的理解与欣赏。诗歌的韵律美与散文的叙事美，不仅丰富了教材的内容，也为学生提供了多角度感知文化的可能性。通过对这些文学作品的赏析，学生能够逐渐培养出对语言艺术的敏感度，进而提升其对中华优秀传统文化的理解能力与欣赏水平。

结合传统文化故事的叙述风格，教材可以鼓励学生在创作中运用富有表现力的语言，提升其艺术表现能力与创造力。传统故事不仅是文化的载体，也是语言的宝库。通过对这些故事的学习与模仿，学生可以在创作中更好地运用语言表达思想，提升其文学表现力。同时，这种学习方式也有助于培养学生的创造力，使其在艺术创作中更加自信和富有创新精神。

（三）文化内涵表达

在编写具有中华优秀传统文化特色的美育教材中，文化内涵表达是一个至关重要的环节。通过教材，学生不仅要学习知识，还要感受到文化的深厚底蕴和精神内涵。中华优秀传统文化的核心价值观，如仁爱、和谐与敬业，这些精神内涵在美育教材中的体现，旨在增强学生的文化认同感。通过对这些核心价值观的深入探讨，学生能够更好地理解中华文化的精髓，并在日常生活中践行这些价值观，从而促进个人的全面发展与社会的和谐共处。

美育教材在传递文化内涵的过程中，不仅需要理论的讲解，还应通过生动的文化故事与传统艺术作品的赏析，帮助学生理解中华优秀传统文化的美学价值与人文关怀。这种方法能够有效地提升学生的文化感受力，使其在潜移默化中感受到传统文化的魅力。文化故事不仅是历史的记录，更是价值观的传承，通过这些故事，学生可以领悟到文化的深层次意义，进而在情感上与文化产生共鸣。

在美育教材中融入传统节庆文化的元素也是增强学生文化归属感的重要手段。通过对节日意义与习俗的理解，学生能够更深刻地体会到民族文化的独特性与丰富性。传统节日作为文化的重要载体，承载着丰富的历史记忆与社会功能。在教材中适当地融入这些元素，可以让学生在学习中感受到节日的氛围与背后的文化渊源，从而增强其对民族文化的归属感与自豪感。

对经典文学作品的分析是培养学生批判性思维能力与价值判断的重要途径。在美育教材中，通过对经典作品的深度剖析，学生可以探索传统文化中的道德观念与人生哲理。这不仅有助于提升学生的文学素养，还能引导其思考人生的意义与价值。通过经典作品，学生能够在与作者的心灵对话中，反思自身的价值观，并在此基础上形成独立的思考能力。

结合现代社会背景，探讨中华优秀传统文化在当代生活中的应用，是激发学生对传统文化创新与传承思考与实践的重要方面。在美育教材中，应鼓励学生在理解传统文化的基础上，结合现代生活的需求，探索传统文化的创新路径。这种结合不仅能增强学生对传统文化的兴趣，还能培养其在文化传承与创新方面的实践能力，使其在未来的发展中，成为中华优秀传统文化的积极传承者和创新者。

第四节　利用现代技术丰富中华优秀传统文化美育课程资源

一、多媒体技术在传统文化教学中的应用

（一）多媒体课件制作

在传统文化教学中，多媒体课件不仅是信息传递的工具，更是提升学生学习体验的重要手段。通过整合视频、音频和动画等多种媒体形式，多媒体课件能够为学生提供更为直观的文化内容展示。这种多样化的表现形式有助于学生更好地理解和感知中华优秀传统文化的深厚内涵。例如，利用视频展示传统节日的庆祝方式，或通过动画演示古代仪式的过程，能够让学生在视觉和听觉上获得更全面的体验。此外，这种多媒体的融合也为教师提供了更为丰富的教学素材，使课程内容更加生动。

在多媒体课件中融入互动元素是激发学生参与感和学习兴趣的有效途径。通过设置测验和讨论环节，学生可以在学习过程中进行自我评估和反思，从而加深

对课程内容的理解。互动元素的设计不是简单的知识点回顾，应注重引导学生进行批判性思考和创新性应用。例如，在学习古诗词时，可以通过互动测验引导学生分析诗词的意境和情感表达，或通过小组讨论探讨诗词在当代社会的意义。这种互动学习模式能够激发学生的主动性，使他们在实践中不断深化对传统文化的认识。

设计多媒体课件时，内容的逻辑性和连贯性是确保信息传达清晰的基础。课件制作应遵循由浅入深、循序渐进的原则，以便学生能够逐步理解和吸收复杂的文化知识。每一个知识模块之间应有明确的衔接和过渡，使学生在学习过程中不至于感到困惑或迷失。同时，课件内容的组织应考虑到课程的整体结构和教学目标，确保每一个环节都能够为学生提供清晰的学习路径。这种精心设计的课程结构不仅有助于学生系统性地掌握知识，也为教师的教学提供了有力的支持。

多媒体课件制作还需考虑不同学习风格的学生，提供多样化的学习路径和资源。不同的学生在学习过程中可能表现出不同的偏好和需求，因此课件设计应尽可能多地提供选择。例如，对于视觉型学习者，可以提供更多的视频和图像资源；对于听觉型学习者，则可以增加音频讲解和音乐背景。通过这种个性化的学习支持，学生能够根据自己的学习风格选择最适合的学习方式，从而提高学习效率。这种多样化的学习路径不仅尊重了学生的个体差异，也体现了以学生为中心的教育理念。

（二）互动教学设计

在传统文化教学中，互动教学设计的核心在于激发学生的主动参与和兴趣。通过小组讨论和角色扮演等方式，学生不仅能够更深入地理解传统文化的精髓，还能在互动中培养合作精神和沟通能力。这种教学设计强调学生在课堂中的主动性，使他们不再是知识的被动接受者，而是学习过程的积极参与者。通过营造一个开放的学习环境，学生可以在互动中碰撞出新的思维火花，加深对中华优秀传统文化的理解和认同。

设计互动式学习活动是增强学生对传统文化兴趣的重要手段。结合传统文化元素，教师可以组织学生参与实践活动，如传统工艺制作。这类活动不仅让学生在动手中体验文化的内涵，还能在实践中体会文化的魅力和价值。例如，通过制作剪纸、陶艺等传统工艺，学生能够切身体会到这些文化技艺的精巧与深邃。在这样的活动中，学生不仅学习了技能，还能感受传统文化的传承与创新的重要性。

在线互动平台的利用是现代教学中不可或缺的一环，它为学生之间的交流与合作提供了便利。通过这些平台，学生可以随时随地分享学习心得，讨论学习问题，极大地增强了课堂的互动性和学习效果。这种在线互动不仅突破了课堂的时间与空间限制，还为学生提供了一个更为广阔的学习交流空间。在这个过程中，学生的自主学习能力得到提升，协作学习的效果也更为显著。

引入游戏化元素是激励学生参与传统文化学习的创新方式。通过设计竞赛和挑战，学生在竞争中提高了学习的积极性和投入度。游戏化学习不仅增加了课堂的趣味性，还通过任务和奖励机制激发学生的学习动机。在这个过程中，学生在不知不觉中掌握了大量的传统文化知识，并在挑战中不断突破自我，提升学习能力。

（三）文化素材整合

文化素材整合是将多种传统文化元素与现代艺术形式相结合，以创造跨界艺术作品的过程。这种整合不仅有助于增强学生的创新思维能力，还能加深他们对文化的认同感。在高校美育课程中，教师可以通过多媒体技术，将传统文化素材与现代艺术形式相结合，制作出具有时代感的艺术作品。这样做的目的是使学生在欣赏和创作过程中，逐步理解和认同中华优秀传统文化的深厚内涵和现代价值。这种跨界的艺术作品不仅丰富了教学内容，也激发了学生的创造力，使他们在文化认同的基础上，形成独特的艺术表达。

利用多媒体技术呈现传统文化素材的多样性是提升学生学习体验的重要手段。通过视频、音频和图像等多媒体形式，学生可以更直观和生动地接触丰富多彩的传统文化元素。这种多感官的学习方式，不仅增加了课程的趣味性，还提升了学生的参与感。在课堂上，教师可以通过播放相关视频或展示图像，让学生更深入地了解传统文化的背景和意义。这种方式有助于学生在轻松愉悦的氛围中，主动学习，从而更好地掌握知识并激发其对传统文化的兴趣。

开发互动式文化素材库是促进学生自主学习的有效途径。在高校美育课程中，学生可以通过访问这些素材库，随时获取和应用相关的传统文化资源。这种自主学习方式不仅提高了学生的学习积极性，也培养了他们的自我管理能力。互动式素材库的设计应考虑学生的使用习惯和需求，提供便捷的搜索和访问功能。通过这种方式，学生可以根据自己的兴趣和学习进度，自主选择学习内容，从而实现个性化学习，进一步增强对传统文化的理解和应用能力。

通过小组合作项目，将传统文化素材融入艺术创作中，可以有效培养学生的团队精神与协作能力。在这些项目中，学生需要分工合作，共同完成一项具有传统文化元素的艺术作品。这种合作不仅能够让学生在实践中加深对传统文化的理解，还能锻炼他们的沟通和协作能力。在项目实施过程中，教师可以引导学生进行角色分配和任务协调，帮助他们在团队中找到自己的定位，并通过合作实现共同的目标。这种学习方式不仅丰富了学生的学习体验，也为他们未来的职业发展打下了良好的基础。

二、虚拟现实技术在美育中的运用

（一）虚拟现实课程设计

虚拟现实课程设计在高校美育教育中具有重要的创新意义。通过虚拟现实技术，传统文化课程可以提供沉浸式体验，增强学生的参与感与学习兴趣。这种设计不仅打破了传统教学的空间限制，还为学生提供了一个全新的感知维度，使他们能够更深入地理解和体验中华优秀传统文化的精髓。虚拟现实技术通过模拟传统文化场景，让学生置身于历史与文化的长河中，感受文化的魅力与深厚内涵。这种沉浸式的学习方式，不仅提高了学生的文化认同感，还促进了他们对传统文化的深刻理解。

结合虚拟现实技术开展互动式传统艺术创作活动，可以有效激发学生的创造力与艺术表现能力。在虚拟环境中，学生可以自由地进行艺术创作，尝试不同的艺术风格和表达方式。这种互动式的艺术创作，不仅使学生能够亲身体验艺术创作的过程，还能培养他们的创新思维和审美能力。通过虚拟现实技术，学生可以在一个安全且开放的环境中大胆尝试，激发他们的艺术灵感，提升他们的艺术修养与综合素质。

利用虚拟现实技术进行传统文化知识的游戏化学习，是提升学生学习动机与积极性的重要手段。游戏化学习将传统文化知识融入到有趣的游戏情境中，使学习过程变得生动有趣。在虚拟现实环境中，学生可以通过完成各种任务和挑战，获取知识并提升技能。这种学习方式不仅提高了学生的学习兴趣，还帮助他们在娱乐中掌握知识，增强了他们的学习效果和记忆力。

设计基于虚拟现实的传统文化探索任务，能够引导学生自主学习与研究，提升他们的综合素养。在虚拟现实中，学生可以探索不同的文化主题，开展自主研究，培养他们的批判性思维和问题解决能力。这种探索任务不仅促进了学生的自主学习，还增强了他们的团队合作能力和沟通技巧。通过虚拟现实技术，学生能够在一个动态的学习环境中，不断挑战自我，提升综合素养，为未来的学习和发展奠定坚实的基础。

（二）交互体验提升

虚拟现实技术在美育课程中的应用，极大地提升了学生的交互体验。通过创建沉浸式学习环境，学生能够亲临其境般体验中华优秀传统文化的多样性与深度。这种真实感与参与感的增强，不仅激发了学生的学习兴趣，还促进了他们对文化内涵的深入理解。虚拟现实技术的沉浸式特性使学生能够在一个安全且富有启发性的环境中，自由探索历史、艺术和传统习俗等文化元素，进而培养他们的文化鉴赏力和审美能力。

设计互动式虚拟现实活动是提升学习趣味性与主动性的关键。通过手势、动作等自然交互方式，学生可以与虚拟文化元素进行直接互动。这种互动不仅增加了学习的趣味性，还使学生在探索过程中更加主动。通过这种方式，学生能够在虚拟环境中进行角色扮演、模拟历史场景等活动，从而更直观地理解文化背景与情境。这种体验式学习方法有效地激发了学生的好奇心和求知欲，提升了他们的学习效果。

结合虚拟现实技术开展团队合作项目，能够有效促进学生在虚拟环境中的协作与交流。在这些项目中，学生需要共同解决问题、完成任务，这不仅增强了他们的团队意识与集体荣誉感，还培养了他们的沟通能力与合作精神。通过这种协作学习，学生能够在虚拟环境中模拟真实的团队工作场景，体验团队合作的挑战与乐趣，从而为他们今后的学习与工作奠定良好的基础。

虚拟现实技术还可以通过提供即时反馈机制，帮助学生在学习过程中获得实时的指导与建议。这种反馈机制能够让学生及时调整学习策略，提高学习效率。通过虚拟现实技术，教师可以实时监控学生的学习进度，并给予个性化的指导。

这种互动式的反馈不仅提高了学生的学习效率，还增强了他们的自主学习能力，使他们能够在学习过程中不断反思与进步。

（三）技术设备选择

在选择虚拟现实技术设备时，必须全面考虑设备的性能、兼容性和应用场景，以确保其能够有效地支持美育课程的实施。技术设备选择不仅影响虚拟现实体验的质量，也直接关系到学生对传统文化的理解和感知。为此，教育机构应优先选择具有高性能、稳定性强的设备，并确保其能够与现有的教学系统无缝集成。这种选择不仅需要考虑设备的硬件配置，还需关注其软件支持和用户体验，以便在美育课程中实现理想的教学效果。

虚拟现实头戴设备的选择与配置是虚拟现实技术实施的关键环节。头戴设备作为直接影响用户体验的核心部件，其分辨率、刷新率和舒适度等参数都需要精心挑选。高分辨率和高刷新率能够提供更为真实的视觉体验，而舒适的佩戴设计则能延长使用时间，使学生在体验传统文化时更加专注。此外，头戴设备的配置还应考虑与其他教学设备的兼容性，以确保虚拟现实课程的顺利实施。

交互式手套在传统文化体验中的应用，为学生提供了沉浸式的互动体验。这种设备通过捕捉手部动作，使学生能够在虚拟环境中与传统文化元素进行直接互动，从而增强学习的趣味性和参与度。交互式手套的选择应注重其灵敏度和耐用性，以确保其能够准确反映用户的动作，并在长时间使用中保持良好的性能。这种设备的应用不仅丰富了美育课程的教学手段，也为学生提供了更为直观的学习体验。

移动设备在虚拟现实学习中的支持功能，为学生提供了便捷的学习途径。现代移动设备的普及，使学生可以随时随地接触虚拟现实内容。移动设备的选择应考虑其处理能力、显示效果和便携性，以确保其能够流畅运行虚拟现实应用。同时，移动设备的应用也为传统文化的传播提供了新的渠道，使学生能够在课外时间继续学习和体验。

高性能计算机的配置要求以支持虚拟现实软件运行，是虚拟现实技术应用的基础。计算机的处理能力、显卡性能和内存容量直接影响虚拟现实软件的运行效果。为满足美育课程的需求，计算机配置应达到虚拟现实软件的推荐标准，以确保其能够流畅运行复杂的虚拟现实场景。这不仅提高了虚拟现实课程的质量，也

为学生提供了更为真实的学习体验。

三、在线资源库的建设与管理

（一）资源分类与组织

资源分类与组织在在线资源库的建设中扮演着至关重要的角色。为了使中华优秀传统文化的教育资源更为系统化和易于检索，资源的主题分类显得尤为重要。通过对资源进行主题分类，可以按照文学、艺术、历史等不同领域进行组织。这种分类方法不仅有助于用户快速查找相关资料，还能帮助教师在设计课程时，精准地选择符合教学目标的素材，从而提高教学的针对性和有效性。主题分类为资源库的使用提供了清晰的导航路径，确保用户在繁杂的信息中迅速找到所需内容。

资源的形式分类同样是资源组织中的关键环节。为了满足不同学习需求和偏好的学生，教学资源应被分为视频、音频、图文、互动课程等多种形式。视频和音频资源可以通过生动的影像和声音传递文化知识，而图文资料则提供了更为详尽的文字信息和视觉呈现。此外，互动课程作为一种新兴的教学形式，能够通过互动性和参与感激发学生的学习兴趣，提升学习效率。多样化的资源形式不仅丰富了教学内容，也为学生提供了多种学习途径和选择。

在资源的难度等级分类方面，考虑到学生的学习阶段和认知水平，资源应被分为初级、中级和高级。通过这样的分级，教师可以根据学生的学习能力和知识储备，选择最适合的教学材料。这种分类方法能够帮助教师在教学过程中实现因材施教，使学生在各自的学习阶段都能获得适合的文化知识和美育体验。难度等级分类不仅提升了教学的适应性，也促进了学生的个性化学习。

（二）访问权限管理

在现代信息技术的推动下，在线资源库的建设与管理成为高校美育课程中融入中华优秀传统文化的重要路径。访问权限管理在这一过程中扮演着关键角色。设定用户角色与权限是管理的基础，明确不同用户的访问级别和功能权限，确保教师、学生、管理员等角色能够在各自的权限范围内高效、安全地访问资源。这种角色与权限的划分不仅有助于资源的合理分配，还能防止信息滥用和泄露。

建立访问日志系统是确保在线资源库安全性的重要措施。通过记录用户的访

问行为，管理者可以进行安全审计和问题追踪，及时发现并处理潜在的安全隐患。这一系统的实施需要兼顾用户隐私与系统安全之间的平衡，确保在保护用户个人信息的同时，维护资源库的整体安全。访问日志不仅是安全管理的工具，也是优化用户体验的重要依据。

为了保护资源库中的敏感信息，制定资源访问申请流程是必不可少的。用户在访问特定资源时，需经过严格的审核流程，以确保资源的安全性和合法性。这一流程的设定不仅是对资源的保护，更是对用户的责任担当。在信息化时代，资源的安全性与用户的责任心密不可分，合理的申请流程能够有效地防止资源滥用。

定期评估和更新访问权限是确保资源库动态安全的重要步骤。随着用户角色和需求的不断变化，访问权限也需进行相应调整。通过定期评估，管理者可以及时发现权限设置中的不合理之处，并进行相应的调整，以确保用户的权限始终与其当前角色和需求相匹配。这一动态管理模式不仅提升了资源库的安全性，也提高了用户的使用效率。

（三）内容更新机制

内容更新机制在在线资源库的建设与管理中扮演着至关重要的角色。建立一个科学有效的内容更新机制，可以确保教材内容与时俱进，反映最新的文化动态与社会需求。为此，定期评审机制的建立尤为重要。通过定期的评审，可以系统地对现有教材进行全面的审查和更新，确保其不仅在内容上保持新鲜感，还能够符合当前社会文化发展的趋势和高校美育教育的目标。这样的机制不仅能够提升学生的学习兴趣，还能推动中华优秀传统文化在高校中的有效传播。

引入专家咨询小组是内容更新机制的重要组成部分。专家咨询小组由相关领域的学者和教育专家组成，他们能够为教学资源的评估和更新提供专业的见解和建议。通过定期的评估和更新，专家咨询小组能够确保教学资源的专业性与适用性。这种机制不仅提升了教材的学术深度，还能帮助教师在教学中更精准地传达中华优秀传统文化的精髓，从而增强学生对文化的理解和认同感。

在内容更新过程中，鼓励师生参与建议与反馈是促进教材内容多元化与适应性的有效途径。教师和学生作为直接的教学主体，他们的意见和建议可以为教材的更新提供宝贵的第一手资料。通过建立一个开放的反馈平台，师生可以随时对教材内容提出修改意见和建议，这不仅能够丰富教材的内容，还能提高其适应性。这样的参与机制使教材更新成为一个动态的、互动的过程，充分体现了以人为本的教育理念。

利用数据分析工具监测学生对不同内容的反应，是现代技术在内容更新机制中的创新应用。通过对学生学习数据的分析，可以直观地了解哪些内容更受学生欢迎，哪些内容需要改进。依据这些数据结果，对教材的重点与更新方向可以进行有针对性的调整。这种数据驱动的更新方式不仅提高了教材的精准性，还能帮助教师更好地掌握学生的学习动态，从而优化教学策略，提高教学效率。

第五章　中华优秀传统文化在高校美育实践活动中的运用

第一节　美育实践活动中的传统文化主题设计

一、传统文化主题的选择原则

（一）文化价值导向

文化价值导向在高校美育实践活动中扮演着至关重要的角色。中华优秀传统文化不仅是民族智慧的结晶，还在塑造学生的世界观、人生观和价值观方面具有不可替代的作用。通过将传统文化融入美育实践活动，学生能够在潜移默化中接受文化熏陶，进而形成正确的价值取向。这种文化价值的导向性使学生在面对多元文化冲击时，能够坚守本土文化的核心价值，保持理性和独立的思考能力。

强调中华优秀传统文化在塑造学生世界观、人生观和价值观中的重要性，是高校美育教育的核心任务之一。传统文化中的儒、释、道思想，以及诗词歌赋、书画篆刻等艺术形式，蕴含着丰富的人生哲理和价值观念。这些文化元素通过美育活动得以传递，帮助学生在学习和实践中领悟人生的真谛，树立积极向上的人生观。特别是在全球化背景下，传统文化的教育能够为学生提供一种稳定的精神支柱，使其在复杂多变的社会环境中找到自我定位。

结合传统文化元素，提升学生的审美能力与艺术素养，是美育实践活动的重要目标。通过对传统文化艺术形式的学习和欣赏，学生能够提高自身的审美眼光，培养艺术鉴赏力。传统文化中蕴含的美学思想和艺术表现手法，能够激发学生的艺术创造力和表现欲望。在美育实践活动中，教师可以通过组织书法、国画、传统音乐等活动，让学生亲身体验传统艺术的魅力，从而提升其艺术素养。

通过传统文化主题激发学生的创新意识与实践能力，是高校美育实践活动的创新之处。传统文化不仅是历史的遗产，也是创新的源泉。在美育活动中，学生通过对传统文化的学习和理解，能够在继承的基础上进行创新。比如，通过结合现代设计理念与传统工艺，学生可以创造出具有时代感的艺术作品。这种实践活动不仅提升了学生的创新能力，还增强了他们的动手实践能力，为其未来的发展奠定了坚实的基础。

引导学生理解和传承传统文化，增强文化自信与民族认同感，是美育实践活动的最终目标。通过对传统文化的深入了解，学生能够更加自信地面对外来文化的影响，保持文化自觉和文化自信。美育实践活动通过传授传统文化知识，组织文化交流活动，使学生在参与中感受到文化的魅力和力量，进而增强民族认同感和自豪感。这种文化自信不仅体现在对自身文化的认同上，也体现在对多元文化的包容与理解上。

（二）学生兴趣考量

在高校美育实践活动中，学生兴趣考量是设计传统文化主题时不可忽视的重要因素。了解学生的兴趣和爱好能够帮助活动组织者选择与他们相关的传统文化主题，从而增强学生的参与感和投入度。通过调研和反馈机制，收集学生对传统文化内容的偏好，可以确保活动设计贴近学生的需求。例如，问卷调查和小组讨论等方式能够有效获取学生的意见，使得活动主题更具针对性和吸引力。

将现代流行元素与传统文化相结合，是提升美育活动吸引力的重要策略。在设计活动时，可以将现代流行的艺术形式与传统文化相结合，如将流行音乐与传统乐器演奏相融合，或是将现代舞蹈与传统舞蹈元素相结合。这种创新的结合方式不仅能够吸引学生的注意力，还能让他们在参与活动的过程中，自然而然地感受传统文化的魅力。这种设计不仅提升了学生的参与积极性，还促进了传统文化的现代化传播。

鼓励学生自主选择或参与传统文化主题的设计，是激发他们主动性和创造性的有效方式。通过开放式的活动设计，让学生有机会提出自己的想法和建议，甚至参与活动的策划，能够增强他们的参与感和责任感。这种自主参与的方式，不仅能够激发学生的创造性思维，还能使他们在活动中获得成就感和满足感，进而提高对传统文化的兴趣和认同感。

定期举办与传统文化相关的兴趣小组或社团活动，是激发学生对传统文化持续关注和热情的重要途径。通过兴趣小组或社团，学生能够在一个相对自由和轻松的环境中，深入了解和学习传统文化。此外，这些组织还可以成为学生之间交流和分享的纽带，增强他们对传统文化的归属感和认同感。

（三）教育目标匹配

在高校美育实践活动中，教育目标的匹配是设计传统文化主题的核心原则之一。明确美育活动的教育目标，确保这些目标与中华优秀传统文化的核心价值观相一致，是促进学生文化认同感的重要途径。通过这种一致性，学生能够更深入地理解传统文化的内涵与价值，从而在情感上产生共鸣，增强对自身文化的认同与自豪感。

设定具体的学习成果是确保教育目标与传统文化主题活动相匹配的关键步骤之一。在参与这些活动的过程中，学生不是被动地接受知识，而是通过互动与实践，积极提升自身的审美能力和艺术素养。这种学习成果的设定，要求教育者在设计活动时，明确学生在活动结束时应达到的能力水平和知识掌握程度，并通过适当的反馈机制加以确认。

结合课程目标，设计具有挑战性的传统文化主题活动，可以激励学生的创造性思维与实践能力。传统文化主题活动不应局限于简单的知识传授，而应通过设计问题、项目或任务，激发学生的好奇心和探索精神。这种设计不仅能提高学生的参与度，还能培养他们在真实情境中应用知识解决问题的能力，从而实现教育目标的深化与拓展。

通过评估机制，跟踪学生在传统文化学习中的进展，是确保教育目标有效实现的保障。评估机制应包括多种形式，如自我评估、同伴评估和教师评估，以全面了解学生的学习状态和发展水平。通过这些评估，教育者可以及时调整活动内容与方式，确保每位学生都能在传统文化的学习中获得实质性的进步。

二、传统文化主题的多样化设计

（一）主题内容创新

在高校美育实践活动中，主题内容创新是提升传统文化吸引力和教育效果的重要手段。通过引入新颖的主题内容，可以激发学生对传统文化的兴趣与探索欲望。创新的主题不仅需要深挖传统文化的内涵，还应结合当代学生的兴趣点和社会热点，以实现文化的传承与发展。主题内容创新不是对传统文化元素的简单再现，而是通过创造性思维的引导，将其转化为具有现代意义的新形式。

传统文化元素与现代艺术形式的结合是实现主题内容创新的有效途径。通过将传统文化元素与现代艺术形式相结合,可以使传统文化焕发新的生命力。例如，在美育活动中，可以将传统戏曲与现代舞台剧相结合，或者将传统书法与现代视觉艺术相融合。这种结合不仅能够增强学生对传统文化的认同感，还能提高他们的艺术审美能力和创造力。同时，这种创新形式也为传统文化的传播开辟了新的渠道。

多元文化视角下的传统文化主题创新是适应全球化背景下文化交流的必要手段。在美育活动中，通过引入多元文化视角，能够使传统文化主题更具包容性和多样性。这种创新不仅有助于加深学生对本土文化的理解，还能增强他们的跨文化交流能力。在多元文化的背景下，传统文化主题可以通过对比、融合等方式，展现出不同文化间的共性与差异，从而拓宽学生的文化视野。

跨学科合作设计传统文化美育活动，是实现主题内容创新的一个重要策略。跨学科合作能够打破单一学科的界限，为传统文化主题的设计提供更多的视角和资源。例如，可以将历史学、文学、艺术学等学科的知识融入美育活动中，使学生在参与活动的过程中，不仅能感受传统文化的魅力，还能从多学科的角度理解文化现象。这种合作能够提高活动的深度和广度，增强学生的综合素质。

运用新媒体技术呈现传统文化主题，是顺应时代发展的必然选择。新媒体技术的应用可以丰富传统文化主题的表现形式，使其更具互动性和吸引力。在美育实践活动中，可以通过虚拟现实、增强现实等技术手段，创造沉浸式的文化体验环境，使学生能够更直观地感受到传统文化的魅力。同时，新媒体的传播特点也有助于传统文化的广泛传播和影响力的扩大。

（二）表现形式多元

在高校美育实践活动中，传统文化主题的表现形式多元化是提升学生文化素养和艺术表现力的重要途径。多样化的表现形式不仅能够激发学生的参与热情，还能让他们在实践中更深入地理解传统文化的内涵。通过结合传统与现代的艺术形式，学生可以在多元化的文化氛围中获得全新的体验和感悟。在这种多样化的设计中，传统文化不仅是历史的传承，更成为一种活生生的文化现象，激励着学生去探索与创新。

传统文化主题的戏剧表演是一种将传统戏曲与现代剧场艺术相结合的独特表现形式。这种结合不仅保留了传统戏曲的艺术精髓，还融入了现代剧场的表现手法，使演出形式更加生动和富有教育意义。通过这种形式，学生可以在舞台上亲身体验传统文化的魅力，增强他们的文化认同感和艺术表现力。同时，这种戏剧表演也为学生提供了一个展示自我和锻炼表达能力的平台，帮助他们在实践中提高综合素质。

传统文化手工艺体验活动是一种多元化的表现形式，鼓励学生亲手制作传统工艺品。这种活动不仅让学生动手实践，更重要的是通过制作过程，学生能够深入理解传统工艺的文化背景和制作技艺。这种体验式学习能够增强学生对传统文化的理解与认同，培养他们的动手能力和创新意识。通过亲身参与，学生可以感受传统文化的独特魅力，激发他们对传统文化的热爱和传承的责任感。

传统文化主题的音乐创作与表演活动，融合了传统乐器与现代音乐风格，为学生提供了一个展示艺术才华的平台。在这种活动中，学生可以尝试将传统音乐元素与现代音乐形式相结合，创造出具有时代感的音乐作品。这种创新的音乐创作不仅提升了学生的艺术表现力，还培养了他们的创新思维和团队合作能力。通过音乐的交流与碰撞，学生能够更深刻地理解传统文化的内涵和价值。

（三）文化背景融合

文化背景融合在高校美育实践活动中扮演着至关重要的角色。通过将传统文化主题与地方文化特色相结合，能够有效增强学生对本土文化的认同感与归属感。这一过程不是简单的文化展示，而是通过深入挖掘地方文化的独特性，帮助学生形成对自身文化的深刻理解。地方文化的特色如语言、习俗、艺术形式等，都可以成为美育活动的素材，为学生提供一个多维度的文化体验平台。在这一过程中，学生不仅能够感受到传统文化的魅力，还能在与地方文化的互动中，增强对于自身文化身份的认同。

跨文化交流活动是促进文化背景融合的另一种有效方式。通过这些活动，学生可以探讨中华传统文化与其他文化的相互影响与融合。这样的交流不仅拓宽了学生的国际视野，还能帮助他们理解不同文化之间的共性与差异。在全球化背景下，培养学生的跨文化理解能力显得尤为重要。跨文化交流活动可以通过国际文化节、文化沙龙等形式开展，学生在这些活动中，不仅是传统文化的接受者，也是文化交流的参与者和传播者，从而在潜移默化中提升自身的文化素养和国际视野。

在美育活动中引入不同民族的传统文化元素，是促进学生对多元文化理解与尊重的重要途径。这种多元文化的融入，不仅丰富了美育活动的内容，也为学生提供了一个了解和体验不同文化的机会。在多民族文化的交织中，学生能够认识每种文化的独特性与价值，从而培养对多元文化的包容和尊重态度。这种文化元素的引入可以通过艺术展览、音乐会、舞蹈表演等多种形式实现，让学生在欣赏和参与中，感受多元文化的魅力。

结合现代社会的热点话题，探讨传统文化在当代社会中的价值与意义，是激发学生思考与讨论的有效方式。在美育实践中，教师可以引导学生关注当代社会中的文化现象，与传统文化进行对比和分析。这种探讨不仅可以激发学生的思维，还能让他们认识到传统文化在现代社会中的传承与创新的必要性。通过这种方式，学生能够在理论与实践的结合中，加深对文化的理解，并在思考中形成个人的文化观。

三、传统文化主题的教育目标设定

（一）知识传授目标

知识传授目标在高校美育实践活动中扮演着至关重要的角色。通过系统地传授传统文化的基本概念与构成要素，学生能够更全面地理解中华优秀传统文化的深厚内涵。传统文化不仅是历史的积淀，也是民族精神的体现。其构成要素包括语言、文字、艺术、礼仪、哲学思想等，这些要素共同构成了中华文化的丰富多样性。在美育实践活动中，教师应着重讲解这些基本概念，使学生能够在知识的海洋中找到文化的根源，形成对传统文化的深刻认知。

中华优秀传统文化的主要流派与代表性作品是知识传授目标中的重要内容。通过介绍儒家、道家等文化流派及其代表性作品，学生可以更好地理解这些流派在历史发展中的作用与影响。例如，儒家的《论语》、道家的《道德经》等经典著作，不仅是文化的瑰宝，也是思想的源泉。通过对这些作品的学习，学生能够领悟到不同流派的思想精髓，进而在美育实践中感受到文化的多样性与深邃性。

在当代社会中，传统文化的重要性与影响愈发显著。随着全球化进程的加快，传统文化在现代社会中扮演的角色愈加重要。通过美育实践活动，学生能够认识到传统文化在塑造民族认同、增强文化自信方面的积极作用。传统文化不仅是历史的传承，更是现代社会发展的动力源泉。通过对传统文化影响的探讨，学生可以培养出对自身文化的自豪感与责任感，为文化的传承与创新贡献力量。

传统文化的核心价值观与教育意义在美育实践中具有重要的指导作用。中华优秀传统文化强调仁爱、诚信、和谐、敬业等核心价值观，这些价值观在当代社会依然具有重要的教育意义。通过美育实践，学生能够深入理解这些价值观的内涵，并在日常生活中践行这些价值观。教育的最终目标是培养全面发展的人，通过传统文化核心价值观的传授，学生能够在精神层面得到升华，形成正确的人生观与价值观。

（二）能力培养目标

能力培养目标在美育实践活动中具有重要的指导作用。通过设定明确的能力培养目标，高校可以在美育实践中有效融入中华优秀传统文化，帮助学生在多方面获得提升。具体来说，能力培养目标不仅关注学生的个人素质发展，也强调团队协作和跨文化交流等能力的提升。

培养学生对传统文化的理解与认同，增强其文化自信与民族自豪感，是能力培养目标的重要组成部分。在美育实践活动中，学生通过接触和体验传统文化，能够更深入地理解其内涵和价值。这种理解不仅有助于增强学生的文化自信，还能激发他们对民族文化的认同感和自豪感。通过这种方式，学生不仅在知识层面上了解传统文化，还在情感和价值观上与之产生共鸣。

提升学生的艺术表现能力，通过传统文化的艺术形式激发创造性思维，是能

力培养目标的一个重要方面。传统文化中蕴含着丰富的艺术表现形式，如书法、绘画、音乐和舞蹈等，这些都为学生提供了多样化的艺术实践平台。在参与这些艺术活动的过程中，学生不仅可以提高自身的艺术表现能力，还能通过艺术创作激发创造性思维。这种创造性思维的培养对于学生未来的个人发展和职业生涯都有着积极的影响。

增强学生的实践能力，鼓励他们参与传统文化相关的手工艺、表演等活动，是能力培养目标的具体体现。在美育实践活动中，学生通过动手实践，可以将理论知识转化为实际技能。参与手工艺制作或文化表演，不仅能提升学生的动手能力和实践技能，还能让他们在实践中体会到传统文化的魅力和价值。这种实践能力的培养，有助于学生在未来的学习和生活中更好地应对各种挑战。

培养学生的跨文化交流能力，理解和尊重不同文化背景下的传统文化，是能力培养目标中具有国际视野的部分。在当今全球化背景下，跨文化交流能力显得尤为重要。通过传统文化主题的美育实践活动，学生可以学习到不同文化背景下的传统文化，理解其独特性和共通性。这种跨文化理解能力的培养，不仅能增进学生对多元文化的尊重，也有助于他们在国际交流中更加自信和从容。

（三）价值观引导目标

在高校美育实践活动中，设定传统文化主题的教育目标至关重要。价值观引导目标不仅是活动设计的核心，也是实现美育教育长效发展的关键。通过明确的价值观引导目标，学生可以在学习过程中逐渐树立对中华优秀传统文化的尊重与珍视，增强其文化自豪感与认同感。这种尊重与珍视不仅限于知识的传授，更在于情感的共鸣和文化身份的认同。通过对传统文化的深刻理解，学生能够更好地领会其内在价值，从而在日常生活中自觉地传承和践行这些优秀文化。

传统文化的学习与实践是培养学生社会责任感的重要途径。通过参与各种传统文化活动，学生不仅可以获得知识，还能在实践中体会到文化传承的责任和意义。这种责任感不仅体现在对自身文化的保护和弘扬上，还包括对文化创新的积极参与。通过对传统文化的深入学习，学生能够理解其中的历史积淀与现代价值，从而激发他们对文化创新的热情，鼓励他们在传承的基础上进行创造性的发挥，为传统文化注入新的活力。

在传统文化的熏陶下，学生能够形成正确的价值观念，理解个人与社会、历

史与文化的关系。这种理解不仅有助于学生在学术上取得进步，也帮助他们在生活中作出明智的选择。通过对传统文化的学习，学生可以更好地理解个人在社会中的定位，以及个人与历史、文化之间的密切联系。这种价值观念的形成将帮助学生在未来面对复杂社会问题时，作出理性和负责任的决定。

传统文化的教育目标还包括激发学生对中华优秀传统文化的探索兴趣。通过引导学生参与各种丰富多彩的传统文化活动，他们的好奇心和探索精神可以得到充分激发。鼓励学生在日常生活中践行传统文化的核心价值，不仅能够帮助他们更好地理解和欣赏传统文化，也能在潜移默化中增强他们的文化自信。这种自信对于学生在全球化背景下的个人发展具有重要意义。

四、传统文化主题的实施策略

（一）教学方法选择

在高校美育实践活动中，教学方法的选择至关重要。为有效传承和弘扬中华优秀传统文化，采用项目式学习是一种创新的教学策略。通过这种方法，学生能够围绕传统文化主题自主设计和实施相关项目。这不仅有助于增强他们的实践能力，还能激发创造性思维。在项目过程中，学生需要进行深入的文化探索，从而对传统文化有更为深刻的理解。这种学习方式强调学生的主动参与和自主学习，使他们在实际操作中体验文化的魅力，提升自身的综合素养。

互动式教学方法在传统文化主题的实施中同样具有重要作用。通过组织讨论和分享会，学生可以在交流中碰撞思想的火花，促进彼此之间的合作与理解。互动教学能够打破传统课堂的单向传授模式，增强学生的参与感和学习兴趣。在讨论中，学生不仅能够表达自己的观点，还可以从他人的视角重新审视传统文化的价值和意义。这种教学方法为学生提供了一个开放的平台，使他们在互动中成长，在交流中深化对传统文化的认知。

多媒体教学手段的运用为传统文化的学习带来了新的活力。通过结合视频、音频等现代技术，教师可以生动地呈现传统文化的精髓。这些多媒体资源不仅丰富了课堂内容，还大大提升了学生的学习体验。现代技术的应用使传统文化不再是静态的文字，而是动态的、可感知的文化现象。学生在视听结合的环境中，更容易被传统文化的魅力所吸引，从而激发他们的学习热情和探索欲望。

翻转课堂模式的实施为传统文化的学习提供了新的路径。在课前，学生可以通过自主学习掌握传统文化的相关知识，为课堂上的深入讨论和实践活动作好准备。翻转课堂强调学生的自主性，鼓励他们在课前充分利用各种学习资源。这种模式提高了课堂教学的效率，使得课堂成为知识应用和问题解决的场所。

（二）学习活动设计

在高校美育实践活动中，设计有效的学习活动是促进学生对中华优秀传统文化深入理解和认同的重要手段。通过设计传统文化主题的工作坊，学生能够在实践中探索和体验传统工艺，如书法和剪纸。这些活动不仅能够提升学生的动手能力，还能增强他们对传统文化的认同感。在工作坊中，学生通过亲身实践，感受传统工艺的魅力，理解其中蕴含的文化价值，从而加深对中华优秀传统文化的理解和热爱。

组织传统文化主题的艺术展览是一种有效的学习活动设计策略。通过邀请学生展示他们的创作，艺术展览为学生提供了一个相互学习的平台。学生在观摩同学作品的过程中，不仅能够汲取灵感，还能够加深对传统文化的理解。艺术展览的互动性和开放性使得学生能够在交流中拓宽视野，深化对传统文化的感知和认同。这种学习活动设计不仅激发了学生的创造力，也促进了他们对传统文化的理解和欣赏。

戏剧表演活动是一种能够有效促进学生理解传统文化的学习活动设计。通过角色扮演，学生可以深入理解传统文化故事和价值观，增强表达能力和团队合作精神。在戏剧表演中，学生通过扮演不同角色，体验不同的文化情境，进而理解传统文化中的人文精神和道德观念。这种沉浸式的学习方式能够激发学生的兴趣，促进他们对传统文化的深入理解和热爱。

策划传统文化主题的社区服务活动，鼓励学生参与地方文化的保护与传承，是培养学生社会责任感与实践能力的重要途径。通过实际参与社区文化活动，学生能够在实践中理解传统文化的现实意义和价值。这种学习活动设计不仅增强了学生的社会责任感，还提升了他们的实践能力，使他们在服务社会的过程中实现个人成长和价值观的升华。

引入传统文化的音乐创作与表演课程，结合传统乐器与现代音乐元素，可以有效地培养学生的音乐素养和创新思维。在这样的课程中，学生通过学习和演奏

传统乐器，理解传统音乐的结构和内涵，同时通过与现代音乐元素的结合，激发创新思维。这种跨界的学习活动设计，不仅丰富了学生的音乐体验，还促进了他们对传统文化的理解和创新能力的提升。

第二节 传统文化元素在美育实践活动中的融入方式

一、传统文化元素的选择与分类

（一）文化元素的筛选标准

文化元素的筛选标准在高校美育实践活动中至关重要。首先，筛选标准应注重元素的文化传承价值。中华优秀传统文化蕴含着深厚的历史积淀和精神内涵，这些元素不仅需要具备丰富的文化内涵，还要能够体现中华民族的精神气质。其次，筛选标准还需关注传统文化元素的审美特征与艺术表现形式。传统文化中的书法、绘画、音乐等艺术形式，不仅具有独特的美学价值，还能通过其形式美感激发学生的审美兴趣和创造力。最后，文化元素的社会影响与文化认同感也是筛选时的重要考量因素。选择那些能够引发学生共鸣、增强文化自信的元素，有助于提高美育实践活动的效率。

传统文化元素的文化传承价值在高校美育实践中具有不可替代的作用。传统文化不仅是历史的积淀，更是民族精神的体现。通过美育实践活动，将这些文化元素融入学生的学习和生活，可以有效增强学生对传统文化的认同感和自豪感。文化传承不仅是知识的传递，更是价值观的塑造。在美育实践中，教师应通过多样化的教学方法，引导学生深入理解和感悟传统文化的内涵，从而实现文化的传承与创新。

传统文化元素的审美特征与艺术表现形式在美育实践活动中具有重要的教育意义。传统文化中的艺术形式，如京剧、国画、篆刻等，不仅体现了中华民族独特的审美观念，还展示了丰富的艺术表现力。通过这些艺术形式的学习，学生能够提高自身的审美能力和艺术素养。在美育实践中，教师可以通过观摩、体验、创作等多种方式，帮助学生深入理解传统文化的审美特征，从而提高他们的艺术鉴赏能力和创造力。

传统文化元素的社会影响与文化认同感在美育实践活动中发挥着重要作用。通过选择具有广泛社会影响力的文化元素，可以增强学生的文化认同感和归属感。这不仅有助于学生树立正确的价值观，还能激发他们对传统文化的热爱与传承的责任感。在美育实践中，通过组织文化讲座、艺术展览、文化体验等活动，可以有效地提升学生的文化认同感和社会责任感。

传统文化元素的教育意义与学习目标在美育实践活动中需要明确。传统文化教育不仅是知识的传授，更是价值观的引导。通过美育实践活动，教师应明确教育目标，帮助学生树立正确的文化观念和价值观。在教学过程中，通过多样化的教学方法和活动设计，引导学生深入理解传统文化的内涵，培养他们的文化素养和人文情怀，从而实现教育目标的达成。

（二）文化元素的分类方法

文化元素的分类方法是研究中华优秀传统文化在高校美育实践活动中应用的基础。通过科学的分类方法，可以更好地理解和传承传统文化的丰富内涵。文化元素的主题分类是最常见的方法，它将文化元素按照文学、艺术、音乐、舞蹈等各类表现形式进行划分。这种分类方式不仅有助于学生在学习过程中形成对不同文化形式的全面认识，还能帮助教育工作者在设计美育课程时更具针对性。通过主题分类，教育者可以选择适合的文化元素，设计出丰富多样的美育活动，提升学生的文化素养和审美能力。

传统文化元素的地域分类是一种常用的方法，它根据不同地区的文化特色进行归类，如江南文化、北方文化等。地域分类不仅反映了文化的多样性和地域特征，也体现了不同地区在历史演进过程中所形成的独特文化魅力。在美育实践中，地域分类有助于学生了解和欣赏多元文化背景下的传统艺术形式，增强对民族文化的认同感和自豪感。通过地域分类，教育工作者可以引导学生深入探究各地文化的独特之处，激发学生对传统文化的兴趣与热情。

功能分类依据传统文化元素在教育、美育、社会交往等方面的作用进行区分。这种分类方式强调文化元素在实际应用中的功能性和教育价值。在高校美育实践中，功能分类有助于明确不同文化元素在培养学生综合素质中的具体作用。通过

功能分类，教育者可以更有效地整合和利用文化资源，设计出既具有文化深度又符合教育目标的美育活动，促进学生的全面发展。

形式分类是根据文化元素的表现方式进行的划分，如传统手工艺、民间艺术、节庆活动等。这种分类方式注重文化元素的具体表现形式及其在实践中的应用。形式分类有助于学生在美育活动中体验和实践不同的文化形式，培养动手能力和创新思维。在高校美育实践中，形式分类可以帮助教育者设计出富有创意的活动方案，激发学生的参与热情和创造力。

二、传统文化元素在美育活动中的视觉呈现

（一）视觉元素的设计原则

在美育活动中，视觉元素的设计原则至关重要。视觉元素的设计应强调传统文化元素的文化内涵与象征意义，以增强视觉呈现的深度与情感共鸣。传统文化中的符号、图案和意象不仅是视觉上的装饰，还是承载着深厚文化底蕴的符号系统。通过深入挖掘这些元素的历史背景与文化意涵，设计者能够在视觉呈现中传递出更为丰富的情感与思想内涵，进而激发观者的情感共鸣与文化认同。

在色彩运用方面，设计者需注重色彩搭配，运用传统色彩理论，使视觉元素更符合传统文化的审美标准。中国传统色彩理论强调五行五色的协调与平衡，这不仅体现在色彩的选择上，还包括色调的和谐与对比的运用。通过对传统色彩理论的深入研究与应用，设计者可以创造出既符合传统美学标准，又能引发观者审美愉悦的视觉作品，从而有效地传达传统文化的魅力。

多样化的表现形式是丰富视觉呈现层次感与趣味性的关键。绘画、雕塑、装置艺术等多种艺术形式的结合，不仅能够增加视觉作品的层次感，还能通过不同材料与技法的运用，增强作品的趣味性与互动性。在传统文化元素的视觉呈现中，采用多样化的表现形式，有助于观者从不同的角度感受和理解传统文化的多元魅力，进而提高其参与度与兴趣。

结合现代设计理念，探索传统文化元素的创新表达，是确保视觉呈现的时代感与吸引力的重要途径。现代设计理念的融入，不仅可以为传统文化元素注入新的活力，还能使其在当代语境中获得新的诠释。通过创新表达，设计者能够在保留传统文化精髓的同时，赋予其现代感与吸引力，从而吸引更多年轻观众的关注与喜爱。

（二）传统图案的应用

传统图案的应用在高校美育实践活动中具有重要意义。通过将传统图案融入视觉呈现，不仅可以丰富艺术表现形式，还能增强学生对中华文化的理解与认同。传统图案作为中华文化的重要组成部分，承载着丰富的历史内涵和文化价值。在美育实践中，教师可以通过设计具有传统图案的艺术作品，引导学生探索这些图案背后的历史故事和文化背景，从而提升学生的文化素养和艺术鉴赏能力。

传统图案蕴含着深刻的文化象征意义，能够传达中华文化的核心价值与理念。在美育实践活动中，教师可以通过分析和讲解传统图案的象征意义，帮助学生理解其中所蕴含的哲学思想和伦理观念。例如，龙凤图案象征着吉祥与和谐，莲花图案代表着纯洁与高尚。通过对这些图案的解读，学生可以更好地理解中华文化的核心价值观，并在艺术创作中表达对这些价值观的认同和传承。

在视觉艺术中，传统图案的应用可以有效提升学生的审美能力与艺术素养。通过将传统图案融入绘画、雕塑、设计等艺术形式，学生可以在实践中体会传统美学的独特魅力。同时，这种实践活动也有助于培养学生的创造力和艺术表现力。通过对传统图案的分析与再创作，学生不仅能够提高自身的艺术技能，还能在作品中体现出对传统文化的理解与创新。

传统图案与现代设计元素的结合，能够创造出具有时代感的艺术作品。在美育实践中，教师可以鼓励学生将传统图案与现代设计理念相结合，进行艺术创作。这种结合不仅能够丰富艺术作品的表现力，还能激发学生的创新思维和设计能力。通过这种跨越传统与现代的艺术实践，学生能够在尊重传统文化的基础上，创造出符合时代审美的艺术作品，体现出中华文化的现代价值。

在手工艺制作中，传统图案的实践应用可以增强学生的动手能力与文化认同感。通过动手制作带有传统图案的手工艺品，学生可以在实践中体会到传统工艺的精妙与文化的深厚。这种实践活动不仅能够提高学生的手工技能，还能增强他们对传统文化的认同感和自豪感。在制作过程中，学生通过对传统图案的观察与模仿，进一步加深了对中华文化的理解与热爱。

（三）色彩搭配与文化意象

在中华传统文化中，色彩搭配不仅具有审美价值，更蕴含着深刻的文化意象。

在传统文化中，不同颜色常常被赋予特定的象征意义。例如，红色象征着喜庆与吉祥，黄色则代表着皇权与尊贵。在高校美育实践活动中，通过色彩的巧妙搭配，可以传达丰富的文化内涵，增强活动的文化氛围。这种色彩的运用不仅是视觉上的享受，也是一种文化的传承与表达。通过对传统色彩象征意义的理解，学生可以更深刻地体会到中华文化的博大精深。

在传统文化中，色彩搭配不仅是一种美学选择，也是一种情感表达。结合中国传统色彩理论，色彩搭配可以提升视觉呈现的文化深度与美感。例如，青花瓷的蓝白搭配，既具有清新典雅的视觉效果，又传达出一种宁静致远的文化意境。在高校美育活动中，运用传统色彩的搭配，可以让学生感受到色彩背后的文化故事和情感表达，从而提高其文化认同感和审美能力。这种色彩的运用不仅能够增强活动的视觉吸引力，还能让学生在潜移默化中接受传统文化的熏陶。

色彩与情感之间有着密切的关联。在美育实践活动中，通过色彩搭配可以影响观众的情感体验与文化认同。例如，暖色调的运用可以营造出热情、活力的氛围，而冷色调则能够带来宁静、理性的感受。在传统艺术形式中，色彩的运用往往与特定的文化情境和情感表达紧密相连。在高校美育活动中，通过对色彩情感表达的探讨，可以帮助学生理解色彩在不同文化背景下的情感功能，从而提升其艺术创作能力和文化理解力。

色彩在不同传统艺术形式中的应用各具特色。在绘画中，色彩是表达情感和主题的重要手段；在服饰中，色彩则体现着文化身份和社会地位；在手工艺中，色彩的运用更强调工艺与美学的结合。在高校美育活动中，通过分析色彩在这些艺术形式中的表现，可以让学生更全面地理解色彩的文化意义和艺术价值。这种分析不仅能够提高学生的艺术鉴赏能力，还能激发其对传统文化的兴趣和热爱。

三、传统文化元素在美育活动中的听觉体验

（一）音乐元素的选择

音乐元素的选择在美育活动中至关重要。选择具有代表性的传统音乐作品，不仅能够反映中华优秀传统文化的核心价值，还能展现其独特的艺术特色。这些作品往往蕴含深厚的文化内涵，通过旋律、节奏、音色等多方面的表现，将中华

文化的精髓传达给学生。在选择音乐作品时，应注重其历史背景和文化意义，使学生在欣赏音乐的同时，能够感受到传统文化的厚重与魅力，从而增强对传统文化的理解与认同。

为了提升学生的参与感与学习效率，设计多样化的音乐活动显得尤为重要。这些活动可以结合学生的音乐兴趣与审美需求，涵盖音乐鉴赏、创作、表演等多种形式。通过多样化的活动，学生不仅能在实践中提升音乐技能，还能在互动中加深对传统音乐的理解。这种教学方式能够有效地激发学生的学习热情，使其在享受音乐的同时，潜移默化地接受传统文化的熏陶，进而培养其艺术素养和文化素养。

运用传统乐器进行创作与表演，是增强学生对传统音乐理解与实践能力的有效途径。传统乐器如古筝、二胡、琵琶等，不仅音色独特，还承载着丰富的历史文化信息。在实践过程中，学生通过亲自演奏这些乐器，可以更直观地感受传统音乐的魅力。通过乐器的学习与表演，学生能够掌握传统音乐的基本技法，理解其艺术表现形式，从而在实践中深化对传统文化的认知与体悟。

探索传统音乐与现代音乐风格的融合，是激发学生创新思维与艺术表现力的重要方式。现代音乐的多样性与传统音乐的深厚文化内涵相结合，可以创造出新的艺术表现形式。这种融合不仅拓宽了学生的音乐视野，还为其提供了创新的空间。在这种过程中，学生可以尝试将传统音乐元素融入现代音乐创作中，发挥其创意与想象力，从而在艺术表达上实现新的突破，培养其综合艺术能力。

（二）传统乐器的使用

传统乐器的使用在高校美育实践活动中具有重要的教育意义。通过引入传统乐器，学生不仅能够感受到不同乐器所带来的听觉享受，还能深入理解其背后的文化内涵。传统乐器种类繁多，包括古琴、二胡、笛子、琵琶等，每一种乐器都有其独特的历史背景和演奏技巧。通过学习这些乐器，学生能够更好地了解中国传统音乐的多样性和丰富性，进而增强对中华优秀传统文化的认同感与自豪感。

在美育实践活动中，通过传统乐器的实践演奏，学生的音乐素养与艺术表现能力能够得到显著提升。演奏传统乐器不仅需要技术上的掌握，还要求演奏者具备一定的音乐理解能力和艺术感知能力。在演奏过程中，学生能够体验到音乐的表现力和感染力，同时也能够提高自身的艺术修养。通过不断的练习与演奏，学

生的音乐感知能力和艺术表现力将得到全面提升。

结合传统乐器与现代音乐元素，能够激发学生的创造性思维与跨界合作能力。在现代音乐教育中，传统乐器与现代音乐的融合已成为一种趋势。通过将传统乐器与现代音乐元素相结合，学生可以在创新中寻找灵感，探索新的音乐表达方式。这种跨界的音乐实践活动，不仅能够激发学生的创造力，还能培养他们的合作精神和团队意识，为未来的音乐创作奠定坚实的基础。

组织传统乐器的表演活动，能够增强学生的团队协作精神与舞台表现力。在表演活动中，学生需要分工合作，协调配合，以达到完美的演出效果。这不仅锻炼了学生的团队协作能力，还提高了他们的舞台表现力和自信心。通过参与这些活动，学生能够更好地理解团队合作的重要性，并在实践中提升自身的综合素质。

（三）声音与文化氛围的营造

声音在文化氛围的营造中具有独特的魅力。通过传统音乐的播放与现场表演，可以在高校美育实践活动中营造出浓厚的文化氛围。这种氛围不仅增强了学生对传统文化的感知与认同，还能唤起他们对文化根源的深刻思考。在音乐的旋律中，学生能够感受到中华文化的悠久历史与丰富内涵，这对于提升他们的文化自信具有重要意义。通过这样的方式，声音成为连接学生与传统文化之间的桥梁，使他们在音符的流动中体会到文化的深邃与美妙。

声音的层次与节奏变化是创造不同情境体验的重要手段。通过巧妙地运用声音的多样性，可以帮助学生更深入地理解传统文化的内涵与情感。在美育活动中，教师可以根据不同的文化主题，选择相应的音乐作品，通过节奏的变化和层次的叠加，带领学生进入不同的情境体验。这种方法不仅丰富了学生的听觉感受，也促进了他们对文化的深层次理解，使他们能够在声音的引导下，领悟到传统文化所蕴含的情感与智慧。

结合传统文化故事的叙述与音乐元素，设计多感官的听觉体验活动，可以极大地激发学生的想象力与创造力。在这样的活动中，学生不是被动的听众，而是积极的参与者。他们通过聆听故事与音乐，展开丰富的想象，甚至可以尝试创作自己的音乐作品。这种多感官的体验方式，不仅提高了学生的参与度，也培养了他们的创造性思维，使他们在与传统文化的互动中，获得更多的灵感与启发。

在校园活动中融入传统音乐的背景音，可以有效提升整体活动的文化氛围。

无论是庆典、展览还是日常的校园活动，传统音乐的加入都能增强参与者的沉浸感与共鸣。这种沉浸感使参与者在活动中不仅感受文化的氛围，还能激发他们对自身文化身份的认同与自豪感。在这样的环境中，学生不仅享受了音乐的美妙，还在潜移默化中接受了传统文化的熏陶。

四、传统文化元素在美育活动中的互动设计

（一）互动体验的设计理念

互动体验的设计理念在高校美育实践活动中扮演着至关重要的角色。它不是简单的活动安排，而是一种将中华优秀传统文化深度融入学生生活的方式。通过精心设计的互动体验，学生能够在参与过程中感受到传统文化的魅力，从而激发他们对文化的兴趣和认同感。互动体验的设计需要充分考虑学生的心理和行为特点，以便于在活动中激发他们的主动性和创造力。这样的设计理念强调的是通过体验来学习，通过实践来理解文化，使学生能够在潜移默化中接受传统文化的熏陶，进而提升他们的文化素养和审美能力。

互动体验应注重学生的主动参与，通过设计多样化的活动形式，如工作坊、角色扮演等，增强学生的实践感受和文化认同。工作坊可以提供动手操作的机会，让学生在参与的过程中领会传统技艺的精髓。同时，角色扮演能够让学生化身为历史人物，体验不同的文化背景和社会角色，从而加深对传统文化的理解。这些活动形式不仅提高了学生的参与度，也使他们在互动中获得了更为深刻的文化体验。此外，通过这些活动，学生能够在实践中体会到传统文化的现实意义，增强其文化认同感。

在互动设计中，应结合传统文化故事和习俗，让学生在参与中理解文化内涵，从而提升他们的文化理解力和情感共鸣。传统文化故事和习俗是中华文化的重要组成部分，它们蕴含着丰富的历史和哲学内涵。在美育活动中，通过引入这些元素，可以让学生在轻松愉快的氛围中学习文化知识。例如，通过讲述传统节日的故事或展示习俗活动的过程，学生能够更直观地理解这些文化现象背后的深层意义。这种方式不仅能提高学生的文化理解力，还能在情感上引发他们对传统文化的共鸣，进一步加深他们对文化的热爱和传承意识。

设计互动体验时，要考虑不同学生的兴趣和能力，提供多层次的参与机会，

以满足不同学习需求，促进个性化发展。学生的兴趣和能力各不相同，因此在设计互动体验时，需要提供多样化的选择，以便每个学生都能找到适合自己的参与方式。这种多层次的设计可以包括不同难度的活动项目，或者是不同主题的文化体验，以适应学生的个性化需求。通过这样的设计，不仅能够激发学生的学习兴趣，还能促进他们在活动中的个性化发展，使得每个学生都能够在传统文化的熏陶下成长为具有独特审美视角的人才。

利用现代科技手段，如虚拟现实和增强现实，创建沉浸式的互动体验环境，让学生在感官层面更深入地体验传统文化。现代科技为传统文化的传播和教育提供了全新的方式。通过虚拟现实和增强现实技术，可以创造出逼真的文化场景，让学生仿佛置身于历史的长河中。这种沉浸式的体验能够在感官层面给学生带来强烈的冲击，使他们在视觉、听觉甚至触觉上都能感受传统文化的魅力。这不仅增强了学生的文化体验感，也在一定程度上突破了传统文化教育的时空限制，使学生能够在一个全新的维度上感知和理解中华优秀传统文化。

（二）传统游戏的现代应用

传统游戏的现代应用在高校美育实践活动中具有重要的价值和意义。通过将传统游戏与现代科技相结合，可以为学生提供更加丰富和多元的体验。例如，利用虚拟现实（VR）技术模拟传统游戏场景，不仅增强了学生的沉浸感与参与感，也使传统文化在现代教育中焕发出新的活力。这种技术的应用为传统游戏提供了一个全新的展示平台，学生可以在虚拟环境中感受传统文化的魅力，并在互动中加深对文化的理解。同时，这种结合也为美育教育提供了新的思路和方法，使学生能够在更为生动的体验中感受到传统文化的魅力。

设计融合传统游戏元素的团队竞技活动，能够有效培养学生的合作精神与竞争意识。在这些活动中，学生需要通过团队合作来完成任务，这不仅促进了学生之间的沟通与协作，也增强了他们对传统文化的认同感。团队竞技活动通过对传统游戏规则的创新设计，使学生在竞争中体会到团结的重要性，并在合作中加深对传统文化的理解。此外，这类活动还可以通过设置不同的主题，让学生在参与过程中学习相关的历史故事与文化知识，进一步提升其文化理解力。

传统游戏的改编与创新是激发现代学生兴趣与参与热情的重要手段。通过对传统游戏规则和玩法的改编，可以创造出适合现代学生的游戏形式，使学生在参与过程中既能感受到游戏的乐趣，又能学习到传统文化的精髓。例如，将传统游戏的文化内涵融入现代游戏，设计出具有教育意义的游戏情节，让学生在游戏中探索文化故事，理解文化背景。这种创新不仅使传统游戏更具吸引力，也为学生提供了一种新的学习方式，使他们在轻松愉快的氛围中接受传统文化的熏陶。

结合传统游戏的文化内涵开展主题式活动，是提升学生文化理解力的有效途径。通过这些活动，学生可以在游戏中学习历史故事与文化知识，增强对传统文化的认同感。主题式活动通过将传统游戏与文化教育相结合，使学生在参与游戏的同时，能够感受到文化的深厚底蕴。这种方式不仅提高了学生的文化素养，也激发了他们对传统文化的兴趣，使他们在潜移默化中接受文化教育，从而实现美育的目标。

（三）数字技术与文化互动

数字技术与文化互动在高校美育实践活动中发挥着重要作用。通过利用先进的数字技术，传统文化元素得以更生动、直观地呈现，极大地增强了学生的学习体验。利用虚拟现实技术创建沉浸式体验，使学生能够在虚拟环境中切身感受传统文化的场景和故事。这种技术不仅能够再现历史场景，还可以通过互动设计让学生参与其中，激发他们的兴趣和探索欲望。此外，虚拟现实技术还可以打破时间与空间的限制，让学生在教室内便能“游历”于古代文化现场，获得身临其境的感受。

通过增强现实应用，将传统文化元素与现实世界相结合，提升了学生的互动参与感与文化认知。增强现实技术通过在现实环境中叠加虚拟信息，使得传统文化元素可以在日常生活中被感知和体验。例如，通过手机应用扫描校园内的特定标志，学生可以看到相关的传统文化信息和动画展示，这不仅增加了学习的趣味性，也使文化教育更加贴近学生的生活。增强现实的应用为传统文化的传播和普及提供了新的途径，使学生能够在潜移默化中接受文化熏陶。

开发移动应用程序，为学生提供便捷的传统文化学习资源和活动信息，增强了学生的自主学习能力与参与热情。这些应用程序可以包括丰富的文化知识库、互动游戏以及活动日历等功能，使学生能够根据自己的兴趣选择学习内容，并参与文化活动。通过这种方式，学生的学习不再局限于课堂，而是延伸到课外的每一个角落，随时随地接触传统文化知识。此外，这些应用程序还可以通过推送通

知提醒学生参加相关活动，进一步提高他们的参与度和学习效率。

利用社交媒体平台，鼓励学生分享传统文化活动的体验与创作，促进了文化交流与传播。社交媒体作为现代学生日常生活中不可或缺的一部分，为传统文化的传播提供了广阔的平台。学生可以通过文字、图片、视频等多种形式分享他们在传统文化活动中的所见所闻，表达个人的理解与感悟。这种分享不仅能够加深学生对文化的理解，还能够引发同伴之间的讨论与交流，形成良好的文化传播氛围。同时，社交媒体平台也为学生提供了展示自我创作的舞台，激发了他们的创造力。

第三节　美育实践活动中传统文化的传承与创新

一、传统文化在美育活动中的创新表达

（一）创新表达的形式

在高校美育实践活动中，创新表达的形式是促进中华优秀传统文化传承与发展的重要途径。结合现代科技手段，如虚拟现实（VR）和增强现实（AR），可以创造出沉浸式的传统文化体验。这种体验不仅提升了学生的参与感，也加深了他们对文化内涵的理解。通过VR和AR技术，学生能够在虚拟环境中亲身感受历史场景和文化习俗，这种互动性体验有助于激发学生的学习兴趣和文化认同。此外，这些技术的应用为传统文化的现代化传播提供了新的可能性，推动了文化教育的创新发展。

跨学科合作是传统文化在美育活动中创新表达的一种重要形式。通过将传统文化与现代艺术形式相结合，可以设计出具有创新性的美育活动。例如，传统与现代舞蹈的融合表演，不仅展示了文化的多样性，也为学生提供了创作与表达的空间。这种合作形式有助于学生在实践中理解文化的演变与创新，培养其跨文化的思维能力和艺术素养。同时，跨学科的合作也为高校教师提供了一个交流与学习的平台，促进了不同学科之间的协同创新。

数字媒体技术的应用，为传统文化的传播与创新提供了新的路径。制作互动性强的传统文化主题短视频，可以增强学生对传统文化的传播意识与创作能力。短视频作为一种流行的传播媒介，能够迅速吸引学生的注意力，并通过视觉和听觉的双重刺激，加深其对文化内容的理解。通过参与短视频的制作，学生不仅可以提高自己的数字素养，还能在创作过程中加深对传统文化的认知与情感连接。这种形式的实践活动，促进了传统文化在数字时代的创新性表达。

传统文化主题的艺术展览是一种创新表达的形式。通过组织此类展览，学生可以展示个人创作，促进传统文化与现代艺术的对话与交流。展览不仅是文化成果的展示平台，也是学生间相互学习与启发的机会。通过展览，学生能够理解传统文化与现代艺术的相互影响与融合，激发其创造力和文化自信。同时，展览活动也为高校与社会的文化交流搭建了桥梁，扩大了传统文化的影响力。

（二）创新表达的内容

在高校美育实践活动中，创新表达的内容是将中华优秀传统文化与现代艺术形式相结合，以丰富学生的艺术表现力和文化理解力。将传统文化元素融入现代舞蹈创作，是一种有效的创新表达方式。通过探索传统舞蹈与当代舞蹈风格的结合，学生不仅能够掌握多元的舞蹈技艺，还能在舞蹈创作中体会到传统文化的独特魅力。这种融合不仅丰富了学生的舞蹈表现形式，也在潜移默化中增强了他们对传统文化的认同感和自豪感。

数字艺术创作是一个重要的创新表达途径。通过传统文化主题的数字艺术创作，学生可以运用数字绘画和动画技术，将传统文化元素以现代化的视觉语言呈现出来。这种方式不仅激发了学生的创造力和艺术表现力，还促进了他们对传统文化的深入理解。数字技术的运用，使传统文化的表达更加生动和多样化，增加了学生的学习兴趣和参与度，同时也使传统文化在现代社会中焕发出新的生命力。

设计传统文化主题的沉浸式体验活动，为学生提供了一个全新的学习和体验平台。通过角色扮演和场景重现，学生能够亲身感受到传统文化的内涵与价值。这种体验式学习方式，帮助学生更深入地理解传统文化的精神实质，并在实践中体会其丰富的文化底蕴。沉浸式体验活动不仅增强了学生的文化感知能力，也提高了他们的文化表达能力，为传统文化的传承和创新提供了新的思路和方法。

结合传统文化的节庆活动，组织创意市集，是一种将文化学习与实践相结合的创新方式。在创意市集中，学生可以展示和销售与传统文化相关的手工艺品，这不仅锻炼了他们的动手能力和创意思维，也增强了他们的文化自信与实践能力。通过这种方式，学生在参与中加深了对传统文化的理解和认同，同时也为传统文化的创新表达提供了一个实际的平台，推动了传统文化在高校美育中的传承与发展。

二、传统文化元素的现代化诠释

（一）元素选择与应用

在高校美育实践活动中，传统文化元素的选择与应用至关重要。传统文化元素的选择应基于其在美育活动中的教育价值，确保这些元素能够有效促进学生的文化理解与艺术素养提升。通过传统文化的深厚底蕴，学生可以在美育活动中获得丰富的文化体验，从而深化对中华文化的认知与认同感。选择适当的传统文化元素，能够引导学生在美育活动中体会到文化的多样性与深度，进而为他们提供一个更为广阔的艺术视野。

在应用传统文化元素时，需考虑其与现代审美的契合度，以增强学生的参与感和兴趣。现代审美观念的多元化要求我们在传统文化元素的应用中，注重其与当代艺术形式的结合。通过将传统文化元素与现代艺术形式相融合，可以激发学生的创造力与想象力，使他们在参与活动的过程中，体验一种新的文化表达方式。这种结合不仅能够提升活动的吸引力，还能使学生在潜移默化中接受并认同传统文化的价值。

传统文化元素的应用应注重多样性，涵盖音乐、舞蹈、手工艺等多种形式，以满足不同学生的学习需求与兴趣。在美育实践活动中，不同类型的文化元素可以激发学生不同的感知与思考方式。音乐、舞蹈、手工艺等多样化的形式能够为学生提供丰富的体验，满足他们的个性化需求。通过多样化的文化元素，学生可以在活动中自由探索与表达，从而更好地理解和欣赏中华传统文化的魅力。

在美育活动中，传统文化元素的现代化表达应强调创意与创新，鼓励学生在传统基础上进行再创造与个人化表达。现代化的诠释不仅是对传统文化的继承，也是对其创新的表现。通过鼓励学生在活动中大胆尝试与创新，可以激发他们的创造潜能，使其在活动中形成独特的文化表达方式。这种现代化的诠释不仅丰富了美育活动的内容，也为传统文化的传承与发展注入了新的活力。

（二）现代化诠释方法

现代化诠释方法在传统文化元素的应用中扮演着重要角色。将传统文化元素与现代设计理念相结合，通过创意手法重新诠释传统文化，使其更符合当代审美标准，是一种有效的方法。这种结合不仅保留了传统文化的精髓，还通过现代设计的创新手法，使传统文化焕发出新的生命力。例如，在高校美育课程中，可以通过现代服装设计、视觉艺术等方式，将传统纹样、色彩等元素融入现代作品中，激发学生的创造力和审美能力。

运用多媒体技术，将传统文化元素以互动形式呈现，能够显著增强学生的参与感与体验感。多媒体技术的应用，如虚拟现实、增强现实等，不仅能够生动地展示传统文化的魅力，还可以让学生在互动中深刻理解传统文化的内涵。这种沉浸式的体验方式，不仅提高了学生对传统文化的兴趣，也使他们在参与中学会欣赏和尊重传统文化，从而达到美育教育的目的。

通过跨学科的合作，将传统文化与现代科学、技术相结合，可以探索新的表达方式与应用场景。这种跨学科的合作，不仅拓宽了传统文化的应用领域，也为学生提供了多样化的学习和实践机会。例如，结合工程学、计算机科学等学科，可以开发出基于传统文化的数字化产品或服务。这种创新的合作方式，能够激发学生的创新思维，培养他们的综合素养和实践能力。

在美育实践活动中，引导学生进行自主创作，鼓励他们将传统文化元素融入个人的艺术作品，是促进个性化发展的重要途径。通过自主创作，学生可以在传统文化的基础上，表达个人的审美观念和艺术风格。这种创作过程，不仅提高了学生的艺术表现力，也增强了他们对传统文化的认同感和归属感，从而实现个性化与传统文化的有机结合。

（三）诠释的文化价值

传统文化元素的现代化诠释在高校美育实践中具有重要的文化价值。通过将传统文化与现代元素相结合，学生能够在参与过程中增强对文化的认同感。这种认同感不是对文化表象的理解，而是一种深层次的文化连接，使学生在学习和实践中感受到自身与传统文化的紧密联系。这种联系有助于培养学生的文化自信，

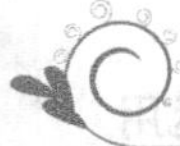

使他们在多元文化的环境中，能够更好地理解和欣赏中华优秀传统文化的独特魅力。

现代化的表达方式是吸引年轻人参与传统文化的重要手段。通过创新的表现形式，如数字媒体、互动艺术和现代设计，传统文化能够以更具吸引力的方式呈现给学生。这种方式不仅能够激发学生的兴趣，还能促进文化的传承和传播，使更多的年轻人愿意主动了解和参与传统文化的学习和实践。通过这种方式，传统文化在年青一代中得以延续和发展，成为他们生活和学习的一部分。

在现代诠释的过程中，学生的创造力得到了极大的激励。通过对传统文化元素的再创造，学生能够在保留文化精髓的同时，进行创新和突破。这种创造性的活动不仅丰富了学生的学习体验，还推动了文化的活化与创新，使传统文化在新时代焕发出新的生命力。这种创新精神也培养了学生的综合素养，使其在面对未来挑战时，能够更具创造性和适应性。

传统文化的现代化表达不仅是形式上的变化，也是对文化价值的重新解读。在多元文化的环境中，学生通过现代化的诠释，能够拓宽审美视野，提升文化理解力。这种学习与实践的过程，使学生能够在全球化的背景下，理解传统文化在当代社会中的新意义与影响力。通过将传统文化元素与现代生活相结合，学生能够在实践中体验文化的多样性和包容性，增强对文化多样性的理解和尊重。

三、传统文化与美育活动的跨界融合

（一）跨界融合的模式

跨界融合的模式在高校美育实践活动中，已经成为一种促进传统文化传承与创新的重要途径。跨界融合的教育模式，通过将传统文化与现代科技相结合，创造多样化的学习体验，增强学生的参与感与文化认同。在此模式中，学生不是被动的知识接受者，而是积极的参与者和创造者。通过虚拟现实技术、数字化平台等现代科技手段，传统文化的学习不再局限于书本和课堂，而是延伸到虚拟世界中，学生可以在互动中感知文化的魅力，增强对中华优秀传统文化的认同感和自豪感。

跨学科合作模式是另一种有效的跨界融合形式。它鼓励不同学科的教师共同设计与传统文化相关的美育活动，促进学生综合素养的提升。在这一模式下，教师可以将文学、历史、艺术与科学等学科知识有机结合，设计出丰富多彩的活动。例如，历史教师可以与艺术教师合作，通过传统节日的文化背景与艺术表现形式的结合，让学生在动手制作中体验文化内涵。这不仅能够提高学生的文化素养，也能培养他们的创新思维和团队合作能力。

社会参与模式则强调结合社区资源与传统文化活动，鼓励学生在实践中体验和传承文化，增强社会责任感。这种模式下，高校可以与社区文化机构合作，组织学生参与地方传统节庆、文化展览等活动。在这些活动中，学生不仅可以学习到传统文化的知识，还能在与社区居民的互动中感受到文化的活力与传承的意义。这种实践活动有助于学生树立正确的文化观和价值观，并在潜移默化中培养他们的社会责任感。

艺术与技术融合模式将传统艺术形式与现代设计理念结合，探索新的表达方式，激发学生的创造力。这一模式通过引入现代设计理念和技术手段，使传统艺术焕发新的生命力。例如，学生可以在学习传统书法的同时，利用数字设计软件进行创意设计，将传统元素融入现代视觉作品中。这种创新的艺术表现形式，不仅能够吸引学生的兴趣，还能激发他们的创造潜能，培养他们的创新能力和审美素养。

（二）跨界融合的挑战

在高校美育实践活动中，传统文化的跨界融合面临诸多挑战。跨界融合过程中可能出现文化冲突与误解，这不仅影响学生对传统文化的理解与认同，也可能导致对活动初衷的偏离。传统文化与现代美育活动的结合需要谨慎对待文化的多样性与复杂性，避免因误解而产生的偏见和排斥心理。这种文化冲突往往源于对传统文化内涵的不同解读和现代文化价值观的差异，如何在美育活动中实现两者的和谐共存，成为高校教育者必须面对的问题。

在不同学科之间进行有效沟通与协作的难度，也为跨界融合带来了挑战。美育活动的设计往往需要结合多学科知识，但由于学科间的壁垒，导致活动设计缺乏连贯性。跨学科的美育活动需要教师具备多方面的知识和技能，同时也需要各学科之间的紧密配合。若缺乏有效的沟通机制，可能导致活动的目标不明确、内容不协调，从而影响学生的学习体验和对传统文化的深入理解。

资源整合的复杂性是跨界融合的一大挑战。涉及多方利益相关者时，合作意

向的不一致可能削弱活动的实施效果。在高校美育实践中，传统文化资源的整合需要协调校内外各方资源，包括教师、学生、文化机构和社会团体等。各方在目标、利益和期望上的差异，可能导致资源分配的不均衡和活动实施的困难。因此，如何建立有效的合作机制，确保资源的合理配置和活动的顺利进行，是亟待解决的问题。

技术应用的局限性也影响着跨界融合的效果。虽然现代技术为传统文化的展示提供了新的途径，但部分传统文化元素可能无法通过现代技术有效呈现。这种局限性不仅影响活动的效果，也可能导致学生对于传统文化的理解不够深入。技术的运用需要与文化内容相匹配，才能真正发挥其在美育活动中的作用。如何在技术应用中保持传统文化的原汁原味，是教育者需要深入思考的问题。

学生对跨界融合活动的接受度差异，可能导致参与积极性不足，影响活动的整体效果。学生的背景、兴趣和认知水平各不相同，对跨界融合的美育活动的接受度也存在差异。这种差异可能导致部分学生在活动中缺乏积极性，从而影响他们对传统文化的认同与理解。因此，在设计和实施美育活动时，需要充分考虑学生的多样性，提供多元化的活动形式，以激发学生的参与热情和学习动力。

（三）跨界融合的成果

在现代高校的美育实践活动中，跨界融合的成果可谓丰硕而多维。通过将传统文化与现代艺术形式相结合，学生不仅在艺术表现力上获得了提升，还在创造性思维方面得到了锻炼。这种结合不仅是形式上的创新，也是内容上的深度融合，使传统文化的精髓在现代语境中焕发新生。学生在参与这些活动的过程中，不是被动的接受者，而是积极的创造者，他们通过艺术的表达，将传统文化的元素与现代的审美观念巧妙结合，呈现出具有时代特色的艺术作品。

跨界融合不仅促进了学生对传统文化的多元理解，也增强了他们的文化自信与认同感。在全球化的背景下，传统文化的传承面临着多重挑战，而通过美育活动的跨界融合，学生能够更深入地理解和感受传统文化的价值与魅力。他们在参与过程中，逐渐形成了对自身文化的认同，并且在与其他文化的比较中，增强了对本民族文化的自信。这种文化自信不仅体现在艺术创作上，也在日常生活中影响着他们的价值观和行为方式。

在跨界融合的过程中，学生通过参与实践活动，提升了团队合作能力和社会责任感。美育活动通常需要多学科、多领域的合作，这为学生提供了一个锻炼团队合作能力的平台。在活动中，他们需要与同学、教师以及外部专家进行沟通与协作，这不仅提高了他们的沟通能力，还培养了他们的团队意识。同时，这些活动往往也涉及社会问题的探讨，使学生在艺术创作的过程中，开始思考自身在社会中的角色与责任，从而提升了他们的社会责任感。

跨界融合的美育活动为学生提供了丰富的文化体验，激发了他们对传统文化的探索与创新兴趣。通过参与这些活动，学生有机会接触多样化的传统文化形式，从而激发了他们的好奇心与探索精神。他们在学习与实践中，不断地尝试将传统文化元素应用于现代创作中，这种探索与创新的过程，不仅加深了他们对传统文化的理解，也培养了他们的创新意识与能力。

通过跨界融合，学校与社会资源的有效整合，丰富了传统文化教育的内容与形式，推动了文化传承的活化与发展。高校在开展美育活动时，积极寻求与社会资源的合作，通过引入外部专家、举办文化交流活动等方式，使传统文化教育不再局限于课堂教学，而是成为一种生动的文化体验。这种整合不仅丰富了教育的内容与形式，也为文化传承注入了新的活力，使传统文化在新时代背景下得以持续发展。

第六章　中华优秀传统文化在高校美育环境建设中的体现

第一节　美育环境建设中传统文化的融入原则

一、文化传承与创新的平衡

（一）传承与创新的界定

传承与创新在文化领域中扮演着至关重要的角色。传承指的是对中华优秀传统文化核心价值和精髓的保留与延续，这种保留不仅是形式上的，也是精神内涵的传递。它要求我们在教育过程中，注重传统文化的经典内容，让学生理解和接受其深刻的思想价值。另外，创新则侧重于在现代语境下对传统文化进行重新解读与表达。这种创新不仅是对传统文化的简单改造，还通过现代技术和思维方式，赋予其新的生命力和表现形式。在高校美育环境中，传承与创新的结合能够形成文化的内在活力，促进文化的持续发展。这种结合不仅丰富了美育的内容，也为学生提供了多元化的学习体验，有助于培养他们的文化自信与审美能力。

在美育环境中，传承与创新的有效结合是培养学生文化素养的重要途径。通过多元化的教学方式与实践活动，学生可以在理解传统文化的同时，探索其在现代社会中的新价值。比如，课程可以通过传统艺术形式的现代演绎来激发学生的创造力和想象力，使他们在参与过程中感受到文化的深度与广度。传承与创新的平衡不仅体现在课程内容的设计上，还体现在教学方法的选择上。教师可以通过引入跨学科的教学资源，结合现代科技手段，让学生在互动和体验中加深对传统文化的理解。这种教学方式不仅提高了学生的参与度，也增强了他们对文化多样性的认知和欣赏能力。

为了实现传承与创新的平衡，高校美育教育需要不断探索和实践。教师在教学中应积极引导学生参与各种文化活动，如传统节庆的现代演绎、经典作品的创新展示等。这些活动不仅能激发学生对传统文化的兴趣，还能培养他们的批判性思维和创造性表达能力。此外，学校可以通过建立文化交流平台，邀请传统文化专家和现代艺术家举办讲座，拓宽学生的视野，增强他们对文化传承与创新的理解。

（二）传承与创新的协调

在美育环境中，传承与创新的协调是一个重要的原则。传统文化的元素应与现代艺术形式相融合，以增强学生的参与感和体验感。这种融合不仅丰富了美育的内容，还激发了学生对传统文化的兴趣和探索欲望。通过现代艺术的表现形式，传统文化的精髓可以被更广泛的学生群体所接受和理解，从而在潜移默化中实现文化的传承。同时，现代艺术形式的引入也为传统文化注入了新的活力，使其在当代社会中焕发出新的生命力。

跨学科的课程设计是实现传承与创新协调的有效途径。通过将传统文化与其他学科知识相结合，学生可以在多元化的学习环境中提升综合素养。例如，在历史课中融入传统文化的艺术表现形式，或在音乐课中探讨传统乐器的现代演绎，学生不仅能更深刻地理解传统文化的内涵，还能在不同学科的交叉点上培养独立思考和创新能力。这种跨学科的学习方式有助于学生形成全面的知识结构和更强的适应能力。

鼓励学生在创新实践中探索传统文化的现代应用，是培养创造性思维和实践能力的重要手段。通过开放性课题、项目学习等方式，学生可以在实践中运用传统文化元素，结合现代科技手段，创造出具有时代特征的作品。这种实践不仅增强了学生的动手能力和创新意识，还让他们在体验过程中加深了对传统文化的理解和认同，真正实现了文化的活态传承。

建立多样化的评价机制也是传承与创新协调的关键。传统的评价方式往往侧重于对知识的记忆和理解，而在美育环境中，更应关注学生在创新思维和实践能力上的表现。通过多样化的评价标准，既重视学生对传统文化的理解与传承，也关注他们在创新实践中的表现与发展。这种评价机制不仅能激发学生的学习积极性，还能为教育者提供更全面的教学反馈。

（三）创新中的传统元素

创新中的传统元素在高校美育环境建设中扮演着至关重要的角色。通过将传统音乐元素融入现代舞蹈表演，不仅探索了文化交融的表现形式，还为学生提供了一个领会传统音乐魅力的途径。在这样的实践中，传统音乐的旋律和节奏与现代舞蹈的动感和表现力相结合，创造出一种全新的艺术体验。这种交融不仅丰富了美育课程的内容，还激发了学生对传统文化的兴趣与热情，促使他们在创新中传承和弘扬中华优秀传统文化。

在视觉艺术创作中，传统工艺与现代材料的结合是一种常见的创新方式。通过这种结合，艺术作品不仅保留了传统工艺的精髓，还展现了现代材料的多样性和可能性。这种创造性实践使学生在艺术创作中能够感受传统文化的深厚底蕴与现代艺术的创新活力。在课程中，教师应鼓励学生运用传统工艺技术，如剪纸、刺绣等，与现代材料如塑料、金属等相结合，创作出具有时代感的新颖作品。这种教学方法不仅培养了学生的创新能力，还增强了他们对传统文化的理解和认同。

现代科技手段的运用，如虚拟现实和增强现实技术，为传统文化的展示提供了新的视角和方法。在高校美育环境中，通过这些技术手段，可以生动地再现传统文化场景，提升学生的互动性与沉浸感。例如，利用虚拟现实技术，学生可以身临其境地体验古代建筑的壮美，或参与传统节日的庆典活动。这种科技与文化的结合，不仅丰富了美育的教学手段，也使传统文化的学习变得更加生动有趣，激发了学生的学习热情和创造力。

在设计课程中，将传统图案与现代设计理念相结合是培养学生创新设计能力的重要途径。传统图案蕴含着丰富的文化内涵和艺术价值，在现代设计中应用这些元素，不仅可以创造出具有文化深度的设计作品，还能激发学生的设计灵感。在课程中，教师通过引导学生分析传统图案的构图和色彩运用，让他们在现代设计中融入这些元素，形成独特的设计风格。这种教学方法不仅提高了学生的设计水平，还增强了他们对传统文化的理解和欣赏能力。

二、地域特色与校园文化的结合

（一）地域文化的识别

每个地区都有其独特的历史和文化积淀，这些文化元素不仅丰富多样，而且具有深厚的传统价值。在美育环境中，识别和融入地域文化，不仅有助于学生理解本地文化的独特性，还能培养他们对多样文化形式的欣赏能力。这种识别过程涉及对地方历史、民俗、艺术形式等的全面了解，以确保教育内容的真实性和丰富性。通过对地域文化的识别，学生能够更好地理解自身文化背景，增强文化自信，形成对地方文化的认同感与归属感。

地域文化的独特性与多样性在美育环境中具有重要意义。不同地区的文化差异不仅体现在语言、风俗上，更体现在艺术表现形式和文化习俗上。美育环境的建设应充分考虑这些差异，通过多样化的文化活动和课程设计，突出地域文化的独特性。这种多样性不仅丰富了美育内容，也为学生提供了广阔的文化视野，使他们能够在比较中更深入地理解和欣赏不同的文化传统，培养其开放的文化心态和多元的审美能力。

通过识别地域文化，高校可以增强学生对地方文化的认同感与归属感。这种认同感的培养不仅有助于学生形成稳定的文化价值观，还能激发他们对本地区文化遗产的保护意识。在美育课程中，教师可以通过讲解地方历史故事、组织文化参观等方式，使学生更直观地感受地域文化的魅力。这种教学策略有助于学生在潜移默化中接受并认同地方文化，使他们在全球化背景下更坚定地传承和弘扬自己的文化传统。

地域文化在美育课程中的应用是促进学生对传统艺术形式理解与欣赏的重要途径。在课程设计中，可以融入地方戏曲、传统手工艺、民间音乐等艺术形式，使学生在学习过程中体验地域文化的多样性和深厚内涵。这种融入不仅丰富了课程内容，也为学生提供了实践机会，使他们在动手操作中更深刻地理解和欣赏传统艺术的精髓，培养其创新能力和艺术鉴赏力。

结合地域文化进行校园活动的设计，可以有效提升学生的参与度与实践能力。

通过组织文化节、艺术展览、传统技艺工作坊等活动，学生不仅能亲身体验地域文化的魅力，还能在实践中提高团队合作和组织能力。这种活动设计强调学生的主动参与，使他们在活动中既是文化的接受者，又是文化的传播者，从而在潜移默化中增强对传统文化的认同与热爱。

（二）校园文化的塑造

校园文化的塑造在美育环境建设中扮演着至关重要的角色。通过将传统文化元素融入校园美育活动设计，可以有效促进学生对地方文化的体验与理解。这不仅有助于学生在文化认同感上的提升，还能在潜移默化中培养他们的文化自信心。在高校中，通过组织丰富多彩的校园文化节活动，展示具有地域特色的艺术形式，如传统戏曲、民间舞蹈和地方音乐等，可以让学生在欣赏和参与中感受到传统文化的魅力。这种沉浸式的文化体验，有助于增强学生的文化认同感，培养他们对本土文化的热爱。

鼓励学生参与传统手工艺的实践活动，如书法、剪纸、陶艺等，能够在动手实践中加深他们对传统文化的理解和尊重。这些活动不仅能提高学生的动手能力和审美情趣，还能让他们在与传统工艺的亲密接触中体会到文化的传承与创新。通过这样的实践，学生能够更加深刻地体会到中华优秀传统文化的精髓，进而激发他们对传统文化的热爱与尊重，培养他们成为传统文化的传承者和传播者。

为了更好地传播传统文化知识，建立校园文化传播平台是必要的。这些平台可以包括校园广播、文化墙、网络社群等多种形式，通过这些渠道，师生可以分享和交流传统文化的知识与见解，提升全体师生的文化素养。借助现代技术手段，传统文化的传播不再局限于课堂，而是可以通过多媒体的方式，更加生动和广泛地传播，吸引更多学生的关注和参与。

组织传统文化主题的讲座与工作坊也是塑造校园文化的重要方式之一。这些活动不仅可以邀请传统文化领域的专家学者进行讲解，还可以通过互动环节激发学生的兴趣与探索欲望。在讲座中，学生可以了解到传统文化的历史背景、发展起源以及未来趋势，而在工作坊中，他们可以亲自动手实践，加深对传统文化的理解。这种理论与实践相结合的方式，能够更好地激发学生的学习兴趣，培养他们的创新思维和实践能力。

（三）特色文化的融合

特色文化的融合在高校美育环境建设中起着关键作用。通过跨文化交流活动，不同地域文化可以相互理解与融合，这不但丰富了学生的文化视野，也增强了他们的全球视野。在这样的背景下，学生能够更好地理解和欣赏多样化的文化表达形式，培养开放的心态和跨文化的沟通能力。这种文化交流活动可以通过国际文化节、文化交流讲座等形式展开，使学生在体验中增进对不同文化的认同与尊重。

在高校美育课程中，引入地方戏曲、民间艺术等特色文化形式，为学生提供多元的艺术体验和审美视野。这些传统文化形式不仅是中华文化的瑰宝，也为学生的艺术教育提供了丰富的素材和灵感来源。通过观摩、学习和实践，学生可以深入了解这些文化形式的历史背景和艺术价值，进而提升他们的艺术鉴赏力和文化自信心。这种教育方式有助于学生在艺术创作中融入传统元素，形成独特的艺术风格。

结合传统节庆与现代艺术表现，设计具有地域特色的文化活动，可以大大提升学生的参与感与认同感。传统节庆如春节、端午节等，蕴含着丰富的文化内涵和艺术表现形式，将其与现代艺术相结合，不仅能传承和弘扬传统文化，还能激发学生的文化创造力。通过参与这些活动，学生能够更深刻地感受传统文化的魅力，并在文化传承中找到个人的文化认同。

鼓励学生在创作中探索地方文化元素与现代设计理念的结合，是激发创新思维与实践能力的重要途径。在艺术创作过程中，学生可以借鉴地方文化中的独特元素，如色彩、纹样、故事等，与现代设计理念相结合，创造出具有创新性和文化深度的作品。这种结合不仅可以丰富学生的创作内容，还能促进他们对文化的深层次理解和思考，培养具有文化自觉和创新能力的艺术人才。

三、传统文化元素的现代化表达

（一）传统元素的提炼

在美育环境建设中，提炼传统元素是关键步骤。传统文化蕴含着丰富的审美价值和精神内涵，通过对传统元素的提炼，可以明确其在现代美育中的应用意义。传统文化元素的核心价值在于其对美的独特理解和表达方式，这为高校

美育提供了深厚的文化资源和精神支持。在提炼过程中，需要对传统艺术形式的基本特征进行深入分析，这不仅是为了保持其原有的文化内涵，也是为了为现代表达提供灵感与依据。通过这种方式，传统元素得以在现代美育环境中焕发新的生命力。

在现代化表达过程中，探索传统文化符号的现代解读至关重要。传统文化符号经过历史的沉淀，已成为文化认同的重要载体。通过现代解读，可以增强传统文化符号在当代语境中的相关性，使其更好地服务于高校美育的目标。结合现代科技手段对传统元素进行再创造，是提升其表现力与互动性的重要手段。例如，利用多媒体技术可以将传统艺术形式以动态影像的方式呈现，从而增强学生的感知体验和互动参与。这不仅丰富了美育的表现形式，也为传统文化的传承与创新提供了新的路径。

在高校美育环境中，通过实践活动引导学生对传统元素的理解与应用，是培养其创新能力与审美素养的重要途径。实践活动可以包括艺术创作、文化体验和主题研讨等多种形式，使学生在亲身参与中感受传统文化的魅力。通过对传统元素的创新应用，学生不仅能够提升自身的审美能力，还能在实践中培养创新思维和文化自信。

（二）现代化表达方式

在高校美育环境建设中，运用数字媒体技术对传统艺术进行再创作，不仅提升了传统文化的表现力，也增强了其传播效果。数字技术的运用使传统艺术形式能够以全新的视觉和听觉体验呈现给观众，这种再创作不仅保留了传统艺术的精髓，也赋予其新的生命力。通过数字化，传统文化能够以更为直观和生动的方式展现在年轻人面前，从而激发他们对传统文化的兴趣和热情。

多媒体展示手段的运用，将传统文化与现代艺术形式相结合，极大地增强了观众的沉浸体验。在高校的美育环境中，通过多媒体技术，传统文化的元素可以与现代艺术相融，创造出一种全新的艺术表达形式。这种结合不仅丰富了艺术表现的手段，也使观众在观赏过程中能够更深入地感受到传统文化的魅力。沉浸式的体验能够让观众更好地理解和欣赏传统文化的内涵，从而在潜移默化中提升其文化素养和审美能力。

利用社交平台进行传统文化的传播与推广，是吸引年轻人参与与互动的有效方式。社交平台作为现代信息传播的主要渠道之一，为传统文化的传播提供了广阔的空间。通过在社交平台上分享与传统文化相关的内容，能够迅速吸引年轻人的关注和参与。互动性强的社交平台为传统文化的推广提供了新的可能性，使年轻人不仅是文化的接收者，也是文化的传播者。通过这种方式，传统文化能够更快地融入年轻人的生活，成为他们文化认同的一部分。

引入跨界艺术合作，结合传统艺术与现代设计，创造出具有时代感的艺术作品，是传统文化现代化表达的重要途径。跨界合作能够打破艺术形式的界限，将传统文化的元素融入现代设计之中，创造出既有传统韵味又符合现代审美的艺术作品。这种合作不仅拓宽了传统文化的表达方式，也为艺术创作提供了新的灵感和方向。在高校美育中，通过跨界艺术合作，学生能够接触到多元化的艺术形式，培养其创新思维和综合艺术素养。

第二节　传统文化元素在校园环境中的布局与设计

一、传统文化元素的选取与分类

（一）传统文化元素的定义

传统文化元素是指在中华文化历史长河中积淀下来的具有代表性和传承价值的文化符号和表现形式。这些元素不仅涵盖了文学、音乐、舞蹈、戏剧、绘画等多种艺术形式，还体现了中华文化的丰富内涵。通过对这些元素的深入研究与应用，能够为高校美育环境的建设提供深厚的文化基础。这些文化元素不仅具有艺术价值，还在道德、审美和社会功能等方面发挥着独特作用，能够引导学生树立正确的价值观念。

传统文化元素的广泛性体现在其涉及的多样性和丰富性。文学作品如《诗经》、唐诗宋词，音乐作品如古琴、京剧，舞蹈如民族舞，戏剧如昆曲，绘画如国画等，都是中华文化的瑰宝。这些艺术形式不仅展示了中华文化的深厚底蕴，也为美育环境的构建提供了多样化的选择。这种广泛性使传统文化元素能够在高校美育中

扮演重要角色，帮助学生在多元文化背景下提升文化素养。

传统文化元素的核心价值在于其道德、审美和社会功能的独特性。道德方面，传统文化中蕴含的仁、义、礼、智、信等价值观能够引导学生形成良好的品德。审美方面，传统艺术形式通过其独特的美学风格培养学生的审美能力。社会功能方面，这些元素能够通过各种形式的校园活动增强学生的社会责任感和集体意识，从而在美育中发挥重要作用。

地域性是传统文化元素的重要特征，不同地区的文化特色与传统为传统文化元素增添了丰富的内涵。通过在高校校园中展示具有地域特色的文化元素，可以增强学生对地方文化的认同感与归属感。例如，南方的水墨画与北方的剪纸艺术各具特色，这种地域性不仅丰富了美育环境的内容，也促进了学生对多样文化的包容与理解。

传统文化元素的表现形式多种多样，涵盖了传统手工艺、民俗活动等。这些形式通过实践活动能够增强学生的参与感与体验感，使美育教育更加生动和富有吸引力。例如，通过组织学生参与剪纸、书法、陶艺等活动，不仅可以提高他们的动手能力，还能让他们在实践中感受传统文化的魅力，从而激发他们对中华优秀传统文化的兴趣和热爱。

（二）选取标准与原则

在高校美育环境建设中，传统文化元素的选取标准至关重要。选取的元素应具有教育性，能够有效引导学生树立正确的价值观和审美观。通过将蕴含深厚文化内涵的元素融入校园环境，可以潜移默化地影响学生的思想和行为，使其在日常生活中受到传统文化的熏陶。例如，校园内的雕塑、壁画等艺术作品，可以通过其所承载的文化故事和历史背景，激发学生对文化的兴趣和探求精神，培养其文化自信和民族认同感。

选择的传统文化元素需体现地域特色，增强学生对地方文化的认同感和归属感。我国幅员辽阔，各地的传统文化各具特色。将具有地域特色的文化元素融入校园环境，不仅可以丰富校园文化氛围，还能使学生在熟悉的文化背景中成长，增强对家乡文化的自豪感和归属感。例如，南方地区可以通过园林设计展现江南水乡的诗意之美，而北方地区则可以通过建筑风格体现其厚重的历史感与文化

积淀。

传统文化元素的表现形式应多样化，涵盖文学、音乐、舞蹈、绘画等多种艺术形式，以丰富学生的文化体验。多样化的文化表现形式能够满足不同学生的兴趣和需求，激发他们的学习热情和创造力。通过组织相关的文化活动，如诗歌朗诵会、传统音乐演奏会、舞蹈表演等，可以使学生在参与中感受传统文化的魅力，培养其艺术鉴赏能力和审美情趣。

选取的传统文化元素需具备实践性，能够通过手工艺、民俗活动等形式增强学生的参与感与体验感。实践性是传统文化教育的重要环节，通过动手实践，学生能够更加深刻地理解和体验文化的内涵。例如，组织学生参与传统手工艺制作，如剪纸、刺绣、陶艺等，可以增强他们的动手能力和创造力，同时也能加深他们对传统技艺的理解和传承意识。

（三）分类方法与体系

传统文化元素的分类方法与体系在高校美育环境建设中起着至关重要的作用。通过合理的分类方法，可以更有效地将传统文化元素融入校园环境，实现文化育人的目标。首先，传统文化元素可根据其功能进行分类，包括教育功能、审美功能和社会功能等。这种分类方式有助于在美育环境中有针对性地应用不同的文化元素，以达到特定的育人效果。例如，具有教育功能的元素可以通过校园展览、讲座等形式，提升学生的文化知识；而具有审美功能的元素则可以通过艺术作品的展示，提升校园的文化氛围。

传统文化元素还可以根据艺术形式进行分类，如文学、音乐、舞蹈、戏剧、绘画等。这种分类方式不仅促进了多样化的文化体验与表达，也为学生提供了丰富的艺术欣赏与创作机会。通过在校园环境中融入不同艺术形式的传统文化元素，学生能够在潜移默化中提升审美能力和文化素养。例如，校园内的文学角、音乐长廊、舞蹈广场等设计，都可以成为学生感受和参与传统文化的重要场所。

地域文化元素的分类则是依据不同地区的文化特色进行的，这种分类方式旨在增强学生对地方文化的认同感与归属感。通过在校园环境中融入地域文化元素，学生可以更好地理解和欣赏本土文化的独特魅力。这不仅有助于培养学生的文化自信，也有助于保护和传承地方文化。例如，在校园环境中加入地方特色的建筑风格、装饰图案或文化标志，可以让学生感受浓厚的地方文化氛围。

传统文化元素的实践性分类，包括手工艺、民俗活动等，强调学生的参与感与体验感。这种分类方式不仅能够提升学生的动手能力和创新思维，还能让他们在亲身实践中体会传统文化的魅力。通过组织手工艺工作坊、民俗活动展示等方式，学生可以在实践中加深对传统文化的理解和认同，进而激发他们对文化传承的责任感。

二、校园建筑中的传统文化符号应用

（一）建筑外观设计中的符号

建筑外观设计中，符号的运用不仅是对视觉效果的追求，也是对文化内涵的深刻表达。通过在建筑外观设计中采用传统文化符号，如龙、凤等吉祥图案，传达中华文化的深厚底蕴与美好祝愿，这些符号不仅具有装饰性，还承载着丰富的文化寓意，能够在无形中影响师生的文化认同与情感归属。龙象征着力量与尊贵，而凤则代表着和谐美好，这些符号的巧妙融入，使校园建筑不单单是物理空间的存在，也是文化传承的载体。

运用传统建筑元素，如飞檐、斗拱等，不仅增强了校园建筑的文化识别度，还体现了地域特色与传统美学。飞檐的轻盈与斗拱的精巧，展现了中国古代建筑的智慧与美感，这些元素在现代校园建筑中的应用，不仅是对传统建筑艺术的致敬，也是对地域文化的尊重与弘扬。通过这些元素，校园建筑能够更好地与周围环境相融合，形成独特的文化景观，吸引师生的目光，并激发他们对传统文化的兴趣与探索欲望。

传统色彩的搭配，如中国红、青花蓝等，在建筑外观中营造出浓厚的文化氛围，提升了校园的整体美感。中国红象征着热情与活力，而青花蓝则展现了典雅与宁静，这些色彩不仅在视觉上形成了鲜明的对比，也在情感上引起了人们的共鸣。通过色彩的巧妙运用，校园建筑不仅成为文化的展示平台，也成为美育教育的重要组成部分，帮助师生在日常生活中感受和理解传统文化的魅力。

结合传统纹饰与现代设计理念，创造出独特的建筑外观，使其既具有传统韵味，又符合现代审美，是当前校园建筑外观设计的一大趋势。通过将传统纹饰如云纹、回纹等与现代简约风格相结合，建筑外观设计不仅保留了传统元素的精髓，还融入了现代设计的创新，形成了一种新的美学表达。这种设计方式，不仅丰富了校园建筑的视觉层次，也为师生提供了一个充满文化气息的学习和生活环境。

（二）内部装饰中的文化元素

在校园内部装饰中，融入传统书法作品是提升文化氛围和学生审美情趣的重要途径。书法作为中华文化的瑰宝，其字形和笔画蕴含着深厚的文化底蕴和美学价值。通过在教室、图书馆和走廊等区域展示书法作品，学生不仅可以欣赏到汉字的艺术之美，还能够在潜移默化中受到传统文化的熏陶。这种文化元素的融入，不仅提升了校园的整体文化氛围，还培养了学生对传统文化的兴趣和审美能力，促进了他们在美育方面的全面发展。

利用传统绘画元素如山水画和花鸟画装饰校园的教室和公共区域，可以有效地营造浓厚的文化氛围。这些绘画作品不仅是视觉的享受，也是文化内涵的传递。山水画中的自然意境、花鸟画中的生动细节，皆能激发学生对传统艺术的理解与欣赏。在教学环境中融入这些元素，不仅丰富了学生的审美体验，还使他们在日常学习生活中感受到中华文化的独特魅力，从而增强对传统艺术的认同感和归属感。

在校园内部设置传统手工艺品展示区，是促进学生对传统文化参与和认同的有效方式。通过展示地方特色工艺，如剪纸、陶艺、刺绣等，学生可以近距离接触到这些精美的手工艺品，了解其制作工艺和文化背景。这种展示不仅是对传统文化的传承，也是对学生动手能力和创造力的激发。通过参与手工艺品制作活动，学生能够更深入地理解传统文化的精髓，培养对中华优秀传统文化的热爱和自豪感。

通过使用传统文化色彩搭配，如青花瓷的蓝白色调，打造温馨的学习环境，可以有效提升学生对传统美学的感知。色彩在环境设计中起着至关重要的作用，传统文化中的色彩搭配不仅具有美学价值，还蕴含着深厚的文化意义。通过合理运用这些色彩，校园环境可以变得更加和谐美观，同时也让学生在潜移默化中接受传统美学的熏陶。这种色彩的运用，不仅增强了学习环境的视觉效果，还增强了学生对传统文化的认同感。

（三）传统符号的现代诠释

传统符号的现代诠释在高校校园环境中扮演着重要角色。将传统文化符号与现代艺术手法结合，可以创造出具有时尚感的装置艺术。这种结合不仅使传统文化符号焕发出新的生命力，还能够吸引年轻人的关注与参与。在校园中，传统符号的现代诠释通过视觉冲击和文化内涵的双重作用，成为学生乐于探讨和欣赏的对象。此类艺术装置不仅是文化传承的载体，也是文化创新的体现，为校园增添了独特的文化魅力。

在现代科技的支持下，传统文化符号可以通过数字媒体焕发新的生命力。运用现代科技手段重新诠释传统符号，使其在数字平台上展现出独特的视觉效果，增强了文化传播的广泛性和互动性。这种数字化的诠释方式，不仅扩大了传统文化的受众范围，还为其注入了时代感和创新性。通过数字媒体，传统文化符号与现代生活方式紧密结合，成为大学生生活中不可或缺的文化元素，促进了文化的传承与创新。

校园环境中的公共艺术作品是传统文化符号与现代设计理念结合的产物。这些作品不仅具有观赏性，还蕴含着丰富的文化内涵。通过将传统文化符号融入校园公共艺术设计中，提升了校园的文化氛围，使学生在潜移默化中受到传统文化的熏陶。这种文化氛围的营造，不仅有助于提升学生的文化素养，还能激发他们对传统文化的认同感和创新意识，成为校园文化建设的重要组成部分。

当代设计中对传统文化符号的应用，鼓励学生在创作中融入传统元素。这种探索不仅激发了学生的创作灵感，还增强了他们对文化的认同与创新意识。通过在设计课程中融入传统文化符号的学习与应用，学生能够更深入地理解传统文化的价值，并在创作中体现出对文化的尊重与创新。这种教学方式，不仅提升了学生的设计能力，还增强了他们的文化自信，为传统文化的传承与发展注入了新的动力。

三、校园公共空间的传统文化装饰

（一）公共艺术品中的文化表达

公共艺术品在校园公共空间中不仅是一种视觉享受，还是中华优秀传统文化的深刻表达。它通过视觉艺术的形式，传达出传统文化的核心价值，成为文化传播的重要载体。公共艺术品的设计可以巧妙地融入传统文化符号，如书法、绘画等，这不仅增强了校园的文化氛围，还发挥了教育功能。通过这些符号，学生可以感受到传统文化的深厚内涵，从而激发对文化的兴趣和认同感。公共艺术品的存在使校园环境不仅是学习的场所，也是文化交流和认知的空间。

在设计校园公共艺术品时，融入传统文化元素能够激发学生的参与感和兴趣。通过互动性设计，学生可以在日常生活中与这些公共艺术品进行互动，增加对传统文化的理解和体验。这种互动不仅是观赏，还通过参与来深化理解。例如，一件结合书法艺术的雕塑，学生可以通过触摸或参与创作，感受书法的美感和文化内涵。这种参与式的艺术体验，能够促进学生对传统文化的认同感和归属感，增强文化自信。

现代艺术手法与传统文化元素的结合，可以创造出具有时代感的公共艺术品。这不仅吸引了年轻人的关注，也促使他们思考传统文化在现代社会中的意义和价值。通过这种方式，传统文化不再是静态的历史，而是与现代生活紧密结合的活态文化。这样的公共艺术品在校园中不仅是装饰，也是启迪学生思维和情感的媒介，促进他们对传统文化的深入理解和创新思考。

（二）传统装饰材料的运用

传统装饰材料的运用在校园公共空间中扮演着重要角色。运用传统木材作为装饰材料，不仅能够体现中国传统建筑的韵味与文化内涵，还能增强校园环境的文化氛围。木材作为一种自然材料，其温暖的质感和丰富的纹理在视觉上给人以舒适和亲切之感，同时也传达出中华文化中尊重自然的理念。在校园中，使用木材装饰可以通过廊道、长椅、凉亭等形式呈现，使学生在日常生活中潜移默化地感受到传统文化的熏陶。

选择传统石材作为景观小品的材质，可以传达中华文化的厚重感，提升

校园公共空间的艺术价值。石材在中国传统文化中象征着坚韧与永恒，常被用于雕刻和建筑装饰。校园中利用石材打造的景观小品，如雕塑、石凳、石碑等，不仅耐久耐用，还能成为文化教育的载体。这些石材景观通过其质朴的外观和深刻的文化内涵，使学生在欣赏美的同时，感受到中华文化的深邃与厚重。

利用传统陶瓷材料制作校园装饰品，可以展示地方特色与传统工艺，促进学生对传统文化的认知与欣赏。陶瓷作为中国的“国粹”，其制作工艺和艺术表现形式丰富多样。校园中通过陶瓷壁画、陶瓷雕塑等形式，将地方特色和传统工艺融入校园环境，使学生在日常生活中接触到这些传统艺术形式，激发他们对传统文化的兴趣和热爱，从而达到美育教育的目的。

采用传统织物作为装饰元素，能够丰富校园公共空间的视觉效果，营造温馨的学习环境。织物在中国传统文化中多用于服饰和家居装饰，具有柔和的质感和多样的色彩。在校园中，传统织物可以通过墙挂、窗帘、桌布等形式应用于公共空间装饰，使整个环境充满温馨与活力。同时，织物上的传统图案和色彩也能够传递出丰富的文化信息，引导学生了解和欣赏中华传统艺术。

（三）文化主题空间的设计

在高校美育环境建设中，文化主题空间的设计是一个重要的环节。通过精心设计这些空间，可以有效地将中华优秀传统文化融入校园环境，提升学生的学习体验和文化素养。设计具有传统文化特色的主题教室是一个切实可行的策略。通过墙面装饰、家具选择和色彩搭配，这些教室可以营造出浓厚的文化氛围，使学生在潜移默化中感知和理解传统文化的精髓。例如，利用传统的书法、绘画作品作为墙面装饰，或是采用具有民族特色的家具和色调，都能有效地将文化元素融入学习空间。这种设计不仅美化了校园环境，也为学生提供了一个富有文化内涵的学习场所。

创建以地方文化为主题的公共空间是一种增强学生文化认同感的有效方式。通过展示地方艺术作品和手工艺品，学生可以更直观地接触到本土文化的魅力。这些文化作品不仅是视觉上的享受，也是心灵上的滋养，有助于增强学生对自身文化的认同感和自豪感。地方文化的展示不仅限于静态的展览，还可以通过动态的互动活动来增强学生的参与感和体验感。这种文化空间的设置，不仅丰富了校园的文化环境，还为学生提供了一个了解和探索本土文化的平台，激发他们对传统文化的兴趣和热情。

设立多功能文化活动室，定期举办传统文化主题的讲座、工作坊和展览，是一种有效的文化空间设计方式。这些活动室不仅是文化展示的场所，也是学生参与和互动的平台。在这里，学生可以通过参与各种文化活动，提升自己的文化素养和实践能力。传统文化讲座可以邀请专家学者分享他们的研究成果和心得；工作坊提供了一个动手实践的机会，让学生在动手中理解文化的内涵；展览则是学生展示自己学习成果的舞台，鼓励他们将所学应用于实践，培养创新思维和动手能力。这种多功能的文化活动室设计，能够有效地激发学生的学习兴趣和参与热情。

在校园内设计以传统节日为主题的文化空间，通过装饰和活动安排，可以增强学生对传统节庆的认知与体验。传统节日是中华文化的重要组成部分，通过节日文化空间的设计，可以让学生更深入地了解和体验这些节日的文化内涵。通过装饰校园环境，如悬挂灯笼、贴春联等，营造出浓厚的节日氛围。同时，结合节日主题举办各种文化活动，如节日习俗讲解、传统游戏体验等，能够让学生在参与中感受到节日的快乐和文化的魅力。这种节日文化空间的设计，不仅丰富了校园文化生活，也为学生提供了一个学习和传承传统文化的机会。

四、传统文化元素在校园艺术作品中的融合

（一）视觉艺术中的传统元素

视觉艺术中的传统元素在高校美育环境中扮演着重要角色，能够有效地提升校园文化氛围。在视觉艺术创作中，将传统中国画技法融入作品，尤其是探索水墨画与现代艺术表现形式的结合，不仅丰富了作品的文化深度，还增强了视觉吸引力。水墨画以其独特的笔触和墨色变化，展现出中国传统文化的深邃意境，当与现代艺术相结合时，这种传统技法能够赋予作品一种新的生命力，使其在现代艺术的语境中焕发出独特的魅力。

运用传统剪纸艺术元素进行现代视觉作品的设计，是一种有效的融合方式。剪纸艺术以其简洁而富有表现力的线条和图案著称，通过在现代设计中对传统剪纸元素的对比与重构，可以展现出传统与现代的对话与融合。这种设计不仅能够

吸引观众的目光，还能激发他们对传统文化的兴趣和思考，进而促进传统文化在校园中的传播和发展。

结合传统陶瓷艺术的图案与现代平面设计，创造出具有文化底蕴的视觉产品，是提升设计文化价值的有效途径。陶瓷艺术以其精美的图案和丰富的色彩而闻名，将其融入现代设计中，能够增强作品的文化内涵和市场竞争力。这样的设计不仅能够吸引学生和教师的关注，还能在校园中形成一种独特的文化景观，成为美育教育的重要组成部分。

通过分析传统纹饰的象征意义，将其应用于现代产品包装设计中，可以有效提升产品的文化内涵与消费者的认同感。传统纹饰以其深厚的文化背景和丰富的象征意义，能够为现代设计注入新的灵感和活力。在高校美育环境中，这种设计理念不仅能够丰富学生的视觉体验，还能培养他们对传统文化的理解和欣赏能力。

（二）表演艺术中的文化融合

表演艺术中的文化融合是高校美育环境建设中的重要课题。通过将传统戏曲元素与现代音乐形式相结合，创新的表演艺术表现不仅丰富了校园文化生活，也激发了年轻观众的参与与关注。这种结合不仅是对传统文化的传承，更是对现代艺术的创新探索。在这种背景下，传统戏曲的唱腔、身段与现代音乐的旋律、节奏相互交融，形成了一种新的艺术表达方式。这种创新不仅为表演艺术注入了新的活力，也为观众提供了多层次的审美体验。

在舞蹈表演中，融入传统民间舞蹈的动作与节奏，可以显著增强文化传承的力度，同时提升表演的多样性与活力。传统民间舞蹈以其独特的动作语言和节奏感著称，将其融入现代舞蹈表演中，不仅丰富了舞蹈的表现形式，也使观众在欣赏的过程中感受到传统文化的魅力。这种文化融合的实践，不仅是对传统文化的尊重与继承，也是对现代艺术表现形式的拓展与创新。

利用多媒体技术为传统故事创作现代戏剧，通过视觉与听觉的结合，提升观众的沉浸体验与情感共鸣，是表演艺术中文化融合的一种重要体现。多媒体技术的运用，可以将传统故事中的场景、人物和情节以更加生动的方式呈现出来，使观众在观看过程中获得身临其境的感受。这种技术与艺术的结合，不仅丰富了戏剧的表现手法，也为传统文化的传播提供了新的途径。

鼓励学生在表演艺术中运用传统服饰与道具，可以增强作品的文化深度与视觉美感，促进对传统文化的理解与认同。传统服饰与道具作为文化符号，承载着丰富的历史与文化内涵，在表演中运用这些元素，不仅可以增强作品的视觉效果，还可以使学生在创作与表演的过程中加深对传统文化的理解。这种实践是高校美育教育中培养学生文化素养的重要途径。

第三节　传统文化在校园环境中的教育功能的发挥

一、传统文化元素的教育意义解析

（一）文化符号的教育价值

文化符号作为中华优秀传统文化的重要载体，承载着丰富的历史内涵和文化价值。在高校美育环境建设中，文化符号不仅是一种装饰，也是一种教育资源。通过文化符号，学生能够接触到中华传统文化的核心价值观，这对于增强学生的文化认同感具有重要意义。文化符号在校园中的应用，能够潜移默化地影响学生的思想和行为，使他们在不知不觉中接受传统文化的熏陶，形成对中华文化的深刻理解和认同。

通过对文化符号的学习与理解，学生不仅能够提升自身的审美能力，还能够培养对传统艺术的欣赏与尊重。文化符号往往以其独特的艺术形式展现出传统文化的美感，这种美感能够激发学生的审美兴趣，促进他们对艺术的探索与研究。高校可以通过开展相关课程或活动，引导学生深入理解文化符号背后的文化内涵，进而提升他们的审美素养和艺术鉴赏能力。

文化符号在校园环境中的应用，还可以激发学生的创造性思维。通过观察和研究文化符号，学生能够在艺术创作中尝试将传统元素与现代表达方式相结合，创造出具有时代特色的艺术作品。这种创造性的实践，不仅能够提高学生的艺术创作能力，还能够培养他们的创新意识和批判性思维能力，为他们今后的学习和发展奠定坚实的基础。

（二）传统习俗的教育影响

传统习俗的教育影响在高校美育环境中具有重要作用。传统习俗蕴含着丰富的文化内涵，通过在校园环境中融入这些元素，能够有效增强学生对传统文化的认同感。这种认同感不仅有助于他们理解和尊重不同的文化背景，还能促进多元文化的和谐共存。学生在参与传统习俗活动时，通过亲身体验传统文化的魅力，能够更深刻地体会到文化传承的重要性。这种体验式的教育方式，使学生在潜移默化中形成对传统文化的尊重和热爱，进而促使他们在日常生活中自觉践行传统美德。

参与传统习俗活动能够使学生体验到团队合作与社交互动的重要性，从而提升其人际交往能力。在这些活动中，学生通常需要与他人合作完成任务，这不仅培养了他们的团队精神，也增强了他们的沟通能力和协作意识。通过与同伴的互动，学生能够学习到如何有效地表达自己的观点，理解他人的立场，进而提高自身的社会适应能力。传统习俗活动为学生提供了一个良好的社交平台，使他们在与他人的交流中不断成长，形成积极向上的人生态度。

传统习俗的教育影响还体现在对学生道德观念的塑造上。通过参与传统习俗活动，学生能够更好地理解传统文化中蕴含的道德观念，如忠诚、孝顺、诚信和责任感。这些观念在活动中被生动地演绎，使学生在潜移默化中受到熏陶，逐渐形成正确的世界观、人生观和价值观。传统习俗活动不仅是对学生道德教育的补充，更是对他们社会责任意识的培养。通过这些活动，学生能够意识到自身在社会中的角色和责任，激发他们为社会发展贡献力量的热情。

在校园中推广传统习俗还能够激发学生的创造力，鼓励他们在艺术创作中探索传统与现代的结合。传统习俗活动为学生提供了丰富的创作素材和灵感来源，使他们在艺术创作中能够大胆创新，追求个性化表达。通过对传统文化的深入理解，学生能够在艺术作品中融入传统元素，创造出具有时代特色的艺术作品。这种探索不仅提升了学生的艺术修养，也为他们未来的发展提供了更多的可能性。

二、传统文化在校园活动中的应用

（一）传统节日活动设计

在高校美育教育中，传统节日活动设计是将中华优秀传统文化融入校园生活的重要途径。在设计传统节日活动时，应结合当地文化特色，确保活动内容与地域传统相契合，增强学生的文化认同感。例如，南方地区可以在端午节期间组织龙舟竞渡活动，而北方地区则可以在春节期间举办冰雪节庆典。通过这样的设计，不仅可以让学生体验不同地域的文化魅力，还能加深他们对中华文化多样性的理解。

在传统节日活动中引入传统手工艺制作环节，如制作灯笼、剪纸等，是一种有效的实践方式。通过亲自动手，学生能够更直观地感受到传统文化的魅力。这种实践体验不仅提高了学生的动手能力，还能够激发他们对传统文化的兴趣和热情。手工艺制作的过程也是一种文化传承的方式，使学生在潜移默化中接受传统文化的熏陶。

组织传统节日的庆祝活动时，鼓励学生参与表演，如舞龙舞狮、民间歌舞，可以提升他们的参与感与团队协作能力。这些活动不仅是传统文化的展示，也是学生自我表达和团队合作的舞台。通过参与这些活动，学生能够培养出积极的团队精神和良好的沟通能力，同时也能在实践中加深对传统文化的理解和认同。

利用校园公共空间，布置与传统节日相关的文化展览，是丰富学生文化体验的重要手段。通过展示节日习俗和传统艺术，学生能够在日常生活中接触到丰富的文化信息。这种文化展览不仅是对传统文化的静态呈现，也是激发学生思考和探索的契机，使他们在潜移默化中接受文化的熏陶。

（二）文化艺术节的组织

文化艺术节的组织在高校美育环境中扮演着重要角色。通过精心策划和执行，这类活动可以成为传播中华优秀传统文化的重要平台。在组织文化艺术节时，首先需要明确主题，将传统文化元素与现代艺术表现相结合，以增强活动的吸引力和参与度。主题的选择应当能够激发学生的兴趣，并与学校的教育理念相契合。例如，可以选择传统节日、历史人物或文化符号作为主题，以引导学生在参与中深入理解中华文化的精髓。通过这种方式，文化艺术节不仅成为展示艺术才华的舞台，也成为学生探索和体验传统文化的窗口。

邀请地方艺术家和传统文化专家参与文化艺术节，是提升学生对传统文化理解与认同的重要举措。这些专家和艺术家可以通过现场表演和讲座，将深厚的文化底蕴和艺术魅力传递给学生。通过亲身体验和面对面的交流，学生能够更直观

地感受到传统文化的魅力和价值。同时，专家的参与也为学生提供了一个学习和借鉴的机会，使他们在实践中加深对传统文化的理解。这种互动不仅丰富了文化艺术节的内容，也为学生提供了难得的学习和成长机会。

设置互动体验区是文化艺术节的一大亮点。通过亲身参与传统手工艺、音乐演奏等活动，学生能够在实践中感受到传统文化的深度与趣味性。互动体验区可以设计各种形式的活动，如书法、剪纸、陶艺等，让学生在动手实践中领略传统艺术的魅力。音乐演奏区则可以邀请学生尝试传统乐器的演奏，体验中华音乐的独特韵味。通过这种沉浸式的体验，学生不仅能够加深对传统文化的理解，还能在动手实践中培养创新思维和动手能力。

多媒体展示和艺术展览是文化艺术节的重要组成部分。这些展示不仅是学生创作成果的集中呈现，也是他们将传统文化融入现代艺术的创新尝试。通过多媒体技术，学生可以将传统文化元素与现代艺术形式相结合，创作出具有时代感的艺术作品。艺术展览则为学生提供了一个展示和交流的平台，鼓励他们在创作中不断探索和创新。这种展示不仅激发了学生的创造力，也促进了传统文化的传承与创新，为文化艺术节增添了新的活力。

（三）传统技艺工作坊

在高校美育教育中，传统技艺工作坊作为一种有效的教育形式，能够深刻体现中华优秀传统文化的价值。传统技艺工作坊的课程设计应结合地方特色，确保学生能够深入体验和学习本土传统技艺的独特性。通过这种方式，学生不仅能够在学习中感受到地方文化的魅力，还能在潜移默化中提高对传统文化的认知水平。同时，这种结合地方特色的课程设计，能够激发学生的学习兴趣，使他们更加主动地参与传统技艺的学习。

邀请经验丰富的传统技艺传承人进行现场指导，是传统技艺工作坊的一大亮点。这种面对面的指导方式，不仅能增强学生对技艺的理解与尊重，还能有效促进师生之间的文化交流。传承人通过亲身示范和讲解，使学生能够更直观地感受到传统技艺的精髓所在。这种直接的文化传递方式，有助于学生在感知和实践中加深对传统文化的理解，培养他们的文化自信心和民族自豪感。

在传统技艺工作坊中，设置实践环节是必不可少的。让学生亲手制作传统工艺品，不仅能提升他们的动手能力和创造力，还能增强他们对传统文化的认同感。

在实践的过程中，学生通过亲身体验，能够更好地理解传统技艺的复杂性和艺术性。这种实践活动，不仅是技艺的传授，也是文化的传承，使学生在动手的过程中，感受到传统文化的深厚底蕴和独特魅力。

现代科技的运用，为传统技艺工作坊的开展提供了新的可能。通过视频教程和在线互动平台，传统技艺工作坊的参与范围得以拓展，使更多学生能够方便地学习和交流。这种科技与传统的结合，不仅提高了学习的灵活性和便利性，还为传统技艺的传播和推广提供了新的渠道。学生通过在线平台，不仅可以随时随地进行学习，还能与其他学习者进行互动和交流，进一步加深对传统文化的理解和认同。

三、传统文化与学生价值观的培养

（一）传统美德的传承

传统美德的传承在高校美育教育中扮演着重要角色。通过校园文化活动的渗透与传承，弘扬传统美德的核心价值观，包括诚信、礼仪、仁爱等，能够有效地培养学生的道德意识与社会责任感。这些价值观不仅是中华优秀传统文化的重要组成部分，也是现代社会中不可或缺的道德准则。在校园环境中，通过多样化的文化活动，学生能够在潜移默化中吸收这些美德，逐渐形成良好的品德和健全的人格。

学习传统故事和典籍是引导学生理解中华优秀传统美德内涵的重要途径。通过这些经典的文本，学生可以深入了解诚信、礼仪、仁爱等美德在历史演进中的表现和影响。这种学习不仅增强了学生的文化认同感和自豪感，也为他们提供了道德判断和行为规范的历史依据。高校可以通过课程设置、课外活动等多种方式，鼓励学生阅读和讨论传统故事和典籍，使其在学习过程中反思自身的行为和价值观。

在校园环境中融入传统美德的标语和文化符号，是营造良好校园氛围的重要手段。这些标语和符号不仅装饰了校园环境，还在潜移默化中对学生产生影响，使他们在日常生活中不断接受传统美德的熏陶。例如，校园内可以设置以诚信、礼仪、仁爱为主题的文化墙，或者在教室、图书馆等场所张贴相关的标语和名言警句。这种视觉上的刺激能够不断提醒学生，帮助他们在日常行为中践行传统美德。

组织传统美德主题的讲座和讨论，为学生提供了反思自身价值观的平台。在

这些活动中，学生可以通过与同伴和专家的交流，深入探讨传统美德的现代意义和应用。这种交流不仅促进了学生的道德判断能力的提升，也帮助他们在多元文化背景下形成自己的价值观。通过对传统美德的深刻理解，学生能够更好地应对现代社会的道德挑战，成为具有社会责任感的公民。

（二）文化认同感的增强

文化认同感的增强在高校美育教育中扮演着重要角色。通过传统文化课程的设置，学生能够深入学习和体验中华优秀传统文化，这不仅有助于增强他们对文化的认同感与归属感，还能帮助他们在全球化背景下保持文化自信。课程的内容应涵盖历史、哲学、艺术等多个方面，使学生在多维度的学习中全面理解传统文化的精髓。这种教育方式不仅是知识的传授，也是价值观的引导，帮助学生在多元文化中找到自己的文化定位。

组织传统文化主题的活动是增强学生对传统价值理解与认同的重要途径。在这样的活动中，学生不仅能够亲身体会传统文化的魅力，还能在互动中加深对文化内涵的理解。例如，通过舞龙舞狮、书法比赛、传统音乐演奏等活动，学生可以在实践中感受传统文化的生命力。这些活动不仅丰富了校园文化生活，也为学生提供了一个表达和交流的平台，让他们在参与中逐渐形成对传统文化的深刻认同。

校园环境中传统文化元素的运用，是营造浓厚文化氛围的有效手段。通过在校园建筑、景观设计中融入传统文化符号，如雕塑、壁画、园林等，学生在日常生活中自然而然地接触和感受传统文化。这种无形的教育环境影响着学生的价值观，使他们在潜移默化中接受和认同传统文化。这种文化氛围不仅提升了校园的文化品位，也促进了学生对传统文化的归属感。

传统节日的庆祝活动是增强学生对地方文化认同感的重要方式。在高校中，通过举办中秋节、端午节、春节等传统节日庆祝活动，学生可以在参与中加深对传统习俗的理解与尊重。这些活动不仅传承了传统文化的精髓，也为学生提供了一个了解和体验地方文化的机会。通过这种方式，学生能够在与传统文化的亲密接触中，增强对地方文化的认同感，从而促进他们的文化自信。

（三）社会责任感的培养

社会责任感的培养在高校美育教育中具有重要意义。通过组织传统文化志愿服务活动，可以有效激励学生参与社会公益。这些活动不仅让学生在实践中体验到助人的快乐，还能增强他们的社会责任感与服务意识。例如，组织学生参与传统节日的公益活动，学生在活动中通过与社区的互动，逐渐培养起对社会的责任感。这样的活动有助于学生理解中华传统文化中的“仁爱”精神，并在实际行动中将其发扬光大。

在校园内推广传统美德教育，能够引导学生关注社会问题，培养他们的责任感与道德判断能力。通过课程设置与课外活动，学校可以将传统文化中的道德观念融入教育体系，使学生在日常学习中不断受到熏陶。比如，通过经典文化故事的分享，学生可以从中领悟到诚信、孝顺等传统美德的重要性，从而在日常生活中自觉践行这些价值观，形成良好的道德判断能力。

结合传统文化的核心价值观，开展社会责任主题的讨论与讲座，是提升学生对社会问题敏感性与思考深度的重要途径。通过邀请专家学者举办讲座，或是组织学生参与社会责任主题的研讨会，学生可以在互动中加深对社会问题的理解。这种方式不仅拓宽了学生的视野，还培养了他们的批判性思维能力，使他们能够在面对复杂社会问题时，作出理性的判断与决策。

鼓励学生在艺术创作中融入社会责任主题，是激发他们对社会现象关注与反思的有效方法。通过艺术创作，学生可以将社会现象进行艺术化表达，从而引发观众的思考与共鸣。这样的创作活动不仅能够提升学生的艺术表现力，还能增强他们的社会责任感，促使他们在创作中不断反思自身与社会的关系，进而形成更深刻的责任意识。

四、传统文化在校园文化建设中的作用

（一）校园文化氛围营造

校园文化氛围的营造是高校美育教育中不可或缺的一部分，通过多样化的校园文化活动设计，可以有效地在校园内营造出浓厚的传统文化氛围。这不仅增强了学生的参与感和归属感，还使他们在潜移默化中接受传统文化的熏陶。校园文化活动的多样化设计，涵盖了从传统节日庆祝到文化艺术展览等多个方面，使学生在参与过程中，能够深入理解和体验传统文化的魅力。此外，利用校园环境中的传统文化元素，如书法、国画等艺术形式，可以进一步提升学生的审美情趣。这些元素不仅是视觉上的享受，也是文化内涵的传递，让学生在日常生活中感受

到传统文化的博大精深。

通过建立传统文化主题的社团与组织，高校能够鼓励学生自发参与文化活动，进而增强校园文化的活力与多样性。这些社团和组织不仅是学生展示自我才华的平台，也是传统文化传播的重要载体。学生在参与社团活动的过程中，可以学习到传统文化的精髓，培养团队合作精神和领导能力。此外，定期举办传统文化节和艺术展览，不仅是对学生创作成果的展示，也是促进师生之间文化交流与互动的良好契机。在这些活动中，学生可以将所学的传统文化知识运用到实践中，教师也可以通过指导和参与活动，增进与学生的沟通与理解。

为了提升全校师生的文化素养与认同感，高校还可以设置与传统文化相关的讲座与工作坊，邀请专家分享传统文化知识。这些讲座和工作坊为师生提供了一个深入了解传统文化的平台，通过与专家的互动，师生能够获得更多关于传统文化的见解和知识。这不仅有助于提升个人的文化素养，也在全校范围内形成了良好的文化氛围，增强了全体师生对中华优秀传统文化的认同感。

（二）文化设施的建设

在高校美育环境建设中，文化设施的建设是发挥传统文化教育功能的重要途径。高校可以通过设置传统文化主题的图书馆，来丰富学生的文化知识储备。这些图书馆不仅提供丰富的传统文化书籍和资料，还鼓励学生进行自主学习与研究，形成浓厚的学术氛围。此外，通过引入先进的数字化资源和数据库，学生能够更便捷地获取相关信息，从而在研究和学习中更深入地理解中华优秀传统文化的内涵与价值。

建设多功能文化活动中心是另一种有效的方式，以促进校园内的文化交流与互动。这些中心可以定期举办传统文化讲座、工作坊和展览，为师生提供一个分享和学习的平台。通过邀请传统文化领域的专家和学者进行分享，学生可以获得第一手的文化知识，并在与专家的互动中加深对传统文化的理解。同时，这些活动中心也为学生提供了展示自己研究成果和创意的机会，激发他们的创新思维和实践能力。

在校园内设立传统艺术创作室，为学生提供了一个实践传统工艺和艺术创作的空间。这些创作室配备了相关工具和材料，支持学生在实践中探索传统文化的魅力。通过亲身参与传统工艺的制作过程，学生不仅提升了自己的动手能力和艺术创作水平，还能在实践中体验到传统文化的精髓。这种实践体验有助于学生在潜移默化中增强对传统文化的认同感和归属感。

打造以传统文化为主题的景观小品，如文化雕塑和装置艺术，也是营造校园文化氛围的重要手段。这些景观小品不仅美化了校园环境，还通过直观的视觉冲击力，激发学生对传统文化的兴趣和探索欲望。通过在校园内营造这样的文化氛围，学生在日常生活中能够更自然地接触和感受传统文化的魅力，从而增强文化认同感和归属感。

（三）文化活动的推广

在高校美育环境建设中，传统文化的推广是提升学生文化素养的重要途径。文化活动的推广不仅是传承中华优秀传统文化的方式，也是激发学生对传统文化兴趣的关键。制订多样化的文化活动计划尤为重要，这些计划应涵盖传统节日、艺术展览、工作坊等多种形式，以全面提升学生对传统文化的认知与参与度。通过这些活动，学生不仅可以深入了解传统文化的内涵，还能在参与过程中培养对文化的热爱与尊重。

为了扩大传统文化活动的影响力，校园媒体平台的宣传至关重要。利用海报、社交媒体等多种形式，可以有效吸引更多学生参与。这种多渠道的宣传方式不仅能增加活动的曝光率，还能让更多学生了解到活动的丰富内容及其文化价值。通过这种方式，传统文化活动在校园内的影响力得以提升，进而引导更多学生关注和参与，形成良好的校园文化氛围。

建立学生主导的文化活动组织是推动传统文化活动的重要措施。鼓励学生自主策划与实施传统文化活动，不仅能提高他们的组织能力，还能增强他们的文化自信。学生在策划和实施活动的过程中，可以更加深入地了解传统文化的精髓，并在实践中提升自身的综合素养。这种自主参与的方式，使学生在活动中成为传统文化的传播者与践行者，进一步推动了校园文化建设。

与地方文化机构和艺术团体的合作是提升校园文化活动专业性和文化深度的有效途径。邀请专业人士参与校园文化活动，不仅能提高活动的质量和水平，还能为学生提供更为丰富的文化体验。这种合作模式能够使学生在活动中接触到更为专业的文化知识和艺术表现形式，进一步深化他们对传统文化的理解与认同。

第七章　中华优秀传统文化与高校美育教育的师资培养

第一节　提升高校美育教师的优秀传统文化素养

一、美育教师传统文化素养的现状分析

（一）美育教师传统文化素养概况

在当前的高校美育教育中，美育教师的传统文化素养是影响教育成效的重要因素之一。整体来看，美育教师普遍具备一定的中华优秀传统文化知识，但在深度和广度上仍存在较大提升空间。部分教师对传统文化的理解还停留在表面上，未能深入挖掘其内涵与价值。这一现象的原因在于教师在接受教育时，传统文化课程的设置较为有限，导致知识体系不够完善。此外，在教育资源的获取上，教师也面临着一定的局限性，缺乏系统性和持续性的专业培训。因此，提升美育教师的传统文化素养成为当前高校美育教育亟待解决的问题。

美育教师对中华优秀传统文化的理解深度与广度直接影响着其在教学中的表现。尽管大多数教师对传统文化有一定的了解，但在教学实践中，往往仅能传授一些基础知识，而难以引导学生进行更深层次的思考与探索。教师对传统文化的理解往往局限于历史事件和名人事迹，缺乏对文化精神和哲学思想的深入剖析。这种理解上的局限性，使教师在教授过程中，难以激发学生对传统文化的兴趣和认同感。因此，提升教师对传统文化的理解深度和广度，不仅是提高教学质量的

关键，也是促进学生文化认同的重要途径。

在传统文化教育中，美育教师的实践经验与教学方法是影响教学效果的重要因素。许多教师在实践中积累了一定的经验，但由于缺乏系统的培训与指导，教学方法较为单一，难以适应多样化的教学需求。传统的讲授式教学模式已不能满足现代教育的要求，教师需要探索更多创新的教学方法，如案例分析、情境教学等，以提高学生的参与度和学习兴趣。此外，教师在教学中应注重实践与理论的结合，通过丰富的实践活动，帮助学生更好地理解和感受传统文化的魅力。

美育教师对传统文化元素的创新性应用能力是衡量其教学水平的重要指标。在传统文化教育中，教师不仅需要传授知识，还需引导学生进行创新性思考和实践。然而，当前许多教师在创新性应用方面仍显不足，主要表现为对传统文化元素的应用停留在表面，缺乏深层次的创新和拓展。这种现象的存在，限制了传统文化在美育教育中的发展潜力。因此，提升教师的创新性应用能力，鼓励其在教学中大胆尝试，将传统文化元素与现代教育理念相结合，是提高美育教育质量的有效途径。

（二）传统文化知识掌握程度分析

美育教师在高校美育教育中扮演着至关重要的角色，其对传统文化知识的掌握程度直接影响到教育的质量和效果。当前，美育教师在传统文化知识的掌握上存在一定的局限性。部分教师虽然具备一定的传统文化基础，但对丰富而深邃的中华传统文化内涵缺乏深入理解。这种现象可能与教师的教育背景、个人兴趣以及所在高校的课程设置有关。对传统文化知识的掌握不仅是对经典文本的熟悉，还在于对文化内涵的深刻理解与运用能力的提升。因而，在师资培养中，需要加强对美育教师传统文化知识的培训，以提升其整体素养。

美育教师对传统文化经典文本的理解与分析能力是评估其传统文化素养的重要维度。经典文本承载着中华文化的精髓，是文化传承的重要载体。然而，部分美育教师在解读这些文本时，往往停留在表面，缺乏深层次的分析能力。这种能力的缺失不仅影响到教师自身的文化素养，也限制了他们在课堂上对学生进行深入文化教育的能力。因此，在教师培训中，应注重培养教师的文本解读能力，帮助他们更好地理解和传播传统文化的核心价值。

在传统文化符号与意象的识别和运用能力方面，美育教师需要具备敏锐的文化感知力。传统文化符号和意象是文化的视觉表达，能够直观地传达文化信息。然而，部分美育教师在教学中对这些符号和意象的识别与运用能力不强，导致传统文化教育的效果不尽如人意。提高这方面的能力，需要教师在日常教学中多接触、多实践，通过丰富的案例分析和实地考察，增强对传统文化符号与意象的感知与理解，从而更有效地将其融入美育教学中。

美育教师在对传统文化相关艺术形式的欣赏与评价能力上，也存在较大提升空间。传统艺术形式如书法、绘画、戏曲等，都是中华优秀传统文化的重要组成部分。美育教师需要具备鉴赏这些艺术形式的能力，以便在教学中更好地引导学生欣赏和理解传统文化的魅力。然而，部分教师在这方面的能力较为薄弱，这可能与其艺术背景及专业培训不足有关。通过系统的艺术鉴赏课程和专题研讨，可以有效提升教师的艺术欣赏与评价能力。

二、影响美育教师传统文化素养提升的因素

（一）教育背景

美育教师的教育背景在其传统文化素养的提升中扮演着重要角色。教育背景不仅是学历的象征，也是文化积淀的体现。对于美育教师而言，其学历背景直接影响其对传统文化的理解深度和广度。拥有较高学历的教师通常接受过更系统的文化教育，这使得他们在教学中能够更自如地融入传统文化元素。此外，高校在美育教师的培养过程中，应注重传统文化教育课程的设置。这些课程不仅要涵盖传统文化的历史与理论，还需结合现代教育理念，帮助教师在教学中灵活应用传统文化知识。这种课程的设置直接影响教师在实际教学中的文化素养表现。

美育教师的专业培训与进修机会也是提升其传统文化素养的重要途径。通过专业培训，教师能够更新其文化知识储备，掌握最新的教育方法与技术。特别是针对传统文化的培训，可以帮助教师深入理解传统文化的精髓，从而在教学中更有效地传递给学生。此外，进修机会为教师提供了一个自我提升的平台，使其能够不断完善自身的文化素养。高校应积极创造条件，鼓励美育教师参与各种形式的专业培训与进修活动，以促进其传统文化素养的持续提升。

文化交流与实践经历对美育教师的传统文化理解具有深远的影响。通过参与国内外的文化交流活动，教师能够接触不同的文化视角，拓宽其文化认知的广度。这种交流不仅限于学术层面，还包括实际的文化体验，如参与传统文化节庆活动、访问历史文化遗址等。这些实践经历使教师能够更直观地感受传统文化的魅力，从而在教学中更具感染力地传递给学生。

（二）培训机会

培训机会在提升美育教师传统文化素养中扮演着至关重要的角色。美育教师参与传统文化相关的专业培训项目，不仅可以提升其对传统文化的理解，还能增强其在教学中的应用能力。这些项目通常涵盖广泛的主题，从传统文化的基本概念到其在现代教育中的具体应用，旨在帮助教师在教学中更好地融入传统文化元素。通过系统化的培训，教师能够更深入地理解传统文化的精髓，从而在美育教学中更有效地传递这些文化价值。

为了进一步促进美育教师之间的经验分享与交流，定期组织传统文化主题的研讨会与讲座显得尤为重要。在这些活动中，教师可以分享各自的教学经验和心得，探讨在不同教学环境中应用传统文化的策略。这种交流不仅有助于教师拓宽视野，还能激发他们在教学中创新传统文化教育方法的灵感。此外，通过与专家学者的互动，教师可以获得最新的研究成果和理论支持，为其教学实践提供坚实的理论基础。

建立美育教师的传统文化学习小组是一种有效的培训方式。在这些学习小组中，教师可以共同学习与探讨传统文化的最新研究成果。这种集体学习的方式，不仅能够增进教师之间的合作与信任，还能通过集体智慧的碰撞，产生新的教学理念和方法。通过这种持续的学习与交流，教师能够不断更新自己的知识储备，使其教学内容更加丰富和具有时代性。

提供实地考察与文化体验活动的机会，使美育教师能够亲身感受和理解传统文化的实际应用。这些活动可以是参观历史遗址、参加传统节庆活动或体验传统工艺制作等。通过这些亲身体验，教师不仅能够加深对传统文化的理解，还能在教学中更生动地再现这些文化元素。

（三）工作环境

工作环境对美育教师传统文化素养的提升具有多方面的影响。在高校美育教

育中营造的传统文化氛围是其中的关键因素之一。校园文化活动的丰富性与多样性，不仅为教师提供了学习和体验传统文化的机会，也能激发他们在教学中融入传统文化元素的热情。通过参与各类文化活动，教师能够更加深入地理解中华优秀传统文化的内涵，并在教学中更好地传递给学生。此外，学校管理层对传统文化教育的重视程度也直接影响着美育教师的教学方向与资源支持。管理层的支持与投入，能够为教师提供必要的培训和发展机会，使其在教学中更有效地运用传统文化资源。

美育教师的教学资源与设施是否充足，是影响其在课堂上有效传授传统文化能力的重要因素。充足的教学资源，如图书、音像资料、艺术作品等，可以丰富教师的教学内容，使其能够以多样化的方式呈现传统文化的魅力。同时，现代化的教学设施，如多媒体教室、艺术工作坊等，也为教师创造了更加生动和互动的教学环境，提升了学生的学习兴趣和参与度。教师间的合作与交流环境，特别是跨学科合作与团队教学，能够促进美育教师对传统文化的深入理解与实践应用。在与其他学科教师的合作中，美育教师可以借鉴不同的教学方法和理念，将传统文化与其他学科知识相结合，拓宽学生的视野。

通过建立良好的工作环境，高校可以有效支持美育教师的专业发展。在一个充满合作与创新的环境中，教师能够更好地发挥其创造力和教学潜力。跨学科的合作不仅能够带来新的教学思路，也能够促进教师之间的相互学习和成长。在这样的环境中，教师能够不断提升自身的传统文化素养，并在教学中更好地引导学生领略中华优秀传统文化的丰富内涵。

（四）个人兴趣

个人兴趣在美育教师的传统文化素养提升中扮演着至关重要的角色。美育教师对传统文化的个人兴趣与热情，不仅能够激发其持续学习与探索的动力，还能在教学实践中展现出更深层次的文化理解。兴趣是最好的老师，当教师对某一传统文化领域产生浓厚兴趣时，他们更愿意投入时间和精力去学习和探讨，这种积极的态度不仅有助于个人专业发展的深化，也能为学生带来更具深度的文化体验。

美育教师在传统文化领域的个人爱好，如书法、绘画、音乐等，能够显著促进其教学内容的多样性与丰富性。通过将个人爱好融入教学，美育教师可以设计出更具创意和吸引力的课程内容，从而激发学生的学习兴趣。例如，教师可以通过书法课程引导学生感受汉字之美，或通过传统绘画课让学生体验中国画的独特魅力。这种教学方法不仅丰富了课堂内容，还为学生提供了多元化的学习体验，有助于培养他们的审美能力和文化素养。

美育教师通过个人兴趣参与传统文化活动，能够增强其对文化传承的责任感与使命感。参与各类传统文化活动，如文化节、艺术展览、讲座等，不仅能拓宽教师的视野，还能让他们更深刻地理解文化传承的重要性。通过亲身体验和实践，教师能够更加全面地把握传统文化的精髓，并在教学中传递这种文化意识。这种责任感驱使他们在教学中更加注重文化的传承与创新，培养学生对中华优秀传统文化的认同感和自豪感。

三、美育教师的文化素养提升路径

（一）教师培训计划

教师培训计划的制订是提升美育教师传统文化素养的关键环节。通过设计专门针对美育教师的传统文化素养提升培训课程，可以有效地帮助教师深入理解中华优秀传统文化的精髓。这些课程应涵盖经典文本的解读与传统艺术的欣赏，帮助教师在教学中融入丰富的文化内涵。通过对经典文本的研读，教师能够更好地理解传统文化的思想脉络，而对传统艺术的欣赏则能提升教师的审美能力，从而在美育教学中更好地传达文化之美。

组织定期的传统文化专题研讨会是促进美育教师知识分享与教学经验交流的重要手段。在研讨会上，教师可以就传统文化的教学方法、课程设计以及教学中遇到的问题进行深入探讨。这种交流不仅可以促进教师之间的相互学习，还能激发教师对传统文化的教学热情与创新思维。通过这种形式的交流，教师能够不断更新教学理念，提高教学质量，从而更好地发挥美育在传承中华优秀传统文化中的作用。

建立美育教师传统文化学习小组，是鼓励教师共同研究与探讨传统文化相关新兴理论与实践的有效方式。在学习小组中，教师可以定期进行讨论，分享各自的研究成果与教学经验。这样的学习小组不仅可以增强教师的团队合作精神，还可以激发教师对传统文化的深入思考与探索兴趣。通过集体的智慧与力量，教师

能够更好地将传统文化的精髓融入美育教学，培养学生对传统文化的认同感与自豪感。

提供实地考察和文化体验活动的机会，使美育教师能够深入理解和体验传统文化的实际应用。这些活动可以包括参观历史遗址、参与传统节庆活动、体验传统工艺制作等。通过亲身体验，教师可以更直观地感受到传统文化的魅力与价值，从而在教学中更具说服力和感染力。实地考察与文化体验不仅可以丰富教师的文化知识，还能激发他们对传统文化的热爱与传播热情。

（二）文化课程设置

在高校美育教育中，文化课程的设置至关重要。通过系统化的课程设计，能够有效提升美育教师的文化素养。首先，设置中华优秀传统文化课程模块是关键。这些课程模块应系统性地介绍传统文化的核心概念与价值，帮助教师深入理解中华文化的精髓。通过对儒释道思想、古典文学、传统礼仪等内容的深入学习，教师能够在教学中融入更多的文化内涵，提升学生的文化认同感和民族自豪感。

开发多元化的艺术课程是提高文化审美能力的重要途径。结合传统文化元素，如书法、国画、戏曲等艺术形式，能够丰富美育课程的内容，激发学生的学习兴趣。这些课程不仅提高了学生的审美能力，还通过实践活动增强了他们的动手能力和创造力。在教学过程中，教师可以通过示范和指导，让学生感受到传统艺术的魅力，从而在潜移默化中提升其文化素养。

引入传统文化相关的跨学科课程，有助于促进学生对传统文化的综合理解。通过将传统文化与历史、哲学、艺术等学科相结合，学生能够在多维度的学习中加深对传统文化的认识。这种跨学科的教学模式，不仅拓宽了学生的知识视野，还培养了他们的批判性思维能力和创新意识。教师在设计课程时，应注重内容的整合与联系，使学生在学习过程中能够融会贯通，形成系统的文化认知。

建立实践性课程，通过实地考察和文化体验活动，让学生亲身参与传统文化的传承与应用。这种实践性学习方式，能够有效增强学生对传统文化的感知和理解。在实地考察中，学生可以亲身体验历史遗址、传统工艺等文化遗产，增强对文化的直观感受。文化体验活动，如参与传统节日庆典、手工艺制作等，则让学生在实践中感受到文化的活力与魅力，激发他们对传统文化的热爱与传承意识。

制定评估体系是确保教学效果持续改进的重要手段。通过定期评估学生在传统文化学习中的表现和理解，教师能够及时调整教学策略，提高教学质量。评估体系应包括多方面的指标，如知识掌握程度、文化认同感、实践能力等，以全面反映学生的学习成效。通过科学的评估与反馈机制，教师可以不断优化课程内容和教学方法，确保学生在传统文化素养方面的不断提升。

（三）自主学习方法

自主学习方法是提升高校美育教师优秀传统文化素养的重要路径。在信息化时代，教师可以通过多种方式进行自我提升。利用在线资源进行自主学习是一个有效的途径。教师可以通过观看与传统文化相关的视频课程和讲座，获取最新的研究成果和教学方法。这些资源不仅能够拓宽教师的知识面，还能够提供具体的教学案例，帮助教师更好地将传统文化融入美育教学中。此外，参与线上讨论论坛，与其他教师分享学习心得和教学经验，也是提升文化素养的有效方式。通过交流，教师可以获得不同的视角和见解，从而丰富自己的教学方法。

阅读相关书籍和期刊文章也是提升传统文化素养的重要手段。通过系统地学习传统文化的理论与实践，教师可以深入理解其内涵和价值。这不仅有助于教师在教学中更好地传递传统文化的精髓，还能增强教师自身的文化自信。同时，定期进行自我反思和总结，对于评估自身在传统文化素养方面的提升也至关重要。通过反思，教师可以发现自身的不足，并制订相应的改进计划，从而不断提升自己的文化素养。

结合个人兴趣，开展独立的艺术创作项目，是实践传统文化应用的有效方式。教师可以根据自己的兴趣，选择一个传统文化主题进行深入研究和创作。这不仅能够提高教师的艺术实践能力，还能增强其对传统文化的理解和认同。在创作过程中，教师可以将理论知识与实践相结合，探索传统文化在现代美育中的应用。这种实践活动不仅丰富了教师的教学内容，也为学生提供了生动的学习素材，激发了学生对传统文化的兴趣和热情。

第二节 加强高校美育教师的传统文化教学能力培训

一、高校美育教师的传统文化课程设计能力提升

（一）教学目标设定

在提升高校美育教师的传统文化课程设计能力时，教学目标的设定至关重要。教学目标不仅是课程设计的核心，还是引导学生学习方向的关键。通过精心设定的教学目标，教师能够有效激发学生对中华优秀传统文化的兴趣，促使他们主动参与文化学习和实践。兴趣是最好的老师，只有当学生对传统文化产生浓厚的兴趣时，他们才能在学习中获得更多的乐趣和成就感，从而深入理解和传承这一文化瑰宝。

设定明确的学习成果是教学目标设定的一个重要方面。在课程结束时，学生应该能够展示出对传统文化的理解与应用能力。这不仅包括对文化知识的掌握，还涉及如何将这些知识应用到实际生活中。通过明确的学习成果，教师能够帮助学生在学习过程中建立清晰的目标感和方向感，确保他们在学习中不断进步，并在课程结束时取得实质性的成长和收获。

针对学生的个体差异，制定灵活的教学目标也是必不可少的。高校学生来自不同的背景，拥有不同的能力和需求。因此，教师需要结合学生的个体差异，制定灵活的教学目标，以适应不同背景和能力的学生，促进其全面发展。这样的目标设定不仅能够满足学生的个性化需求，还能在一定程度上提高教学的有效性和针对性，帮助学生在各自的起点上取得更大的进步。

（二）教学内容选择

教学内容的选择在高校美育教育中扮演着至关重要的角色。为帮助学生深入理解传统文化的美学特征，高校美育教师应精心挑选具有代表性的传统文化艺术作品作为课程内容的核心。这些作品不仅承载着丰富的历史与文化信息，还能通过其独特的艺术表现形式，引导学生领悟传统文化的审美内涵。例如，书法、国

画、古典音乐等艺术形式，都是传统文化的瑰宝，通过对这些艺术作品的欣赏与分析，学生能够更好地体会到中华文化的精髓与魅力。此外，这些艺术作品也为培养学生的审美能力和文化素养提供了良好的素材。

在传统文化课程设计中，教师还应适时引入传统文化中的经典故事和寓言。通过对这些故事的内涵与价值观的分析，学生不仅能够增强文化认同感，还能在道德思考能力上得到提升。传统文化中的故事和寓言，如《论语》中的经典语录、《庄子》中的寓言故事等，蕴含着丰富的哲理与人生智慧。通过课堂讨论、角色扮演等多种教学方法，教师可以引导学生深入探讨这些故事的价值观和道德意义，从而培养他们的批判性思维和道德判断能力。这种教学内容的选择，有助于学生在传统文化的浸润中，树立正确的世界观、人生观与价值观。

结合地方特色，选择本地区的传统文化元素进行课程设计，是提升学生对本土文化认同与参与感的重要途径。每个地区都有其独特的文化遗产和民俗传统，教师可以通过挖掘和整合这些地方特色，设计出具有地域特色的课程内容。例如，某些地区的传统节庆、民间工艺、地方戏曲等，可以作为教学内容的一部分，让学生在学习中感受到本土文化的独特魅力。这不仅能增强学生的文化自信，还能激发他们对地方文化的热爱与保护意识，进而促进传统文化的传承与发展。

在现代教育背景下，整合传统文化与现代艺术形式，探索两者的结合点，是培养学生创新思维与艺术表现能力的有效途径。高校美育教师可以通过设计跨学科课程，将传统文化的元素与现代艺术的表现形式相结合，激发学生的创造力和想象力。例如，将传统的剪纸艺术与现代的平面设计相结合，或是将传统的戏曲元素融入现代舞蹈创作中，这些跨学科的课程设计，能够让学生在不同艺术形式的碰撞中，拓宽视野、激发灵感。

（三）教学活动组织

在高校美育教育中，教学活动的组织是提升教师传统文化课程设计能力的重要环节。通过精心策划和实施多样化的实践活动，教师可以有效地将中华优秀传统文化融入教学之中。设计如书法、国画、戏曲等实践活动，不仅让学生在动手操作中感受传统文化的魅力，也能激发他们的学习兴趣和创造力。这些活动通过直接的体验方式，使学生更好地理解和欣赏传统文化的精髓，进而在潜移默化中提升其文化素养与艺术修养。

组织传统文化主题的校园活动，如文化节、艺术展览等，可以为学生提供展示学习成果的平台。这些活动不仅是学生展示自我才能的机会，也是他们增强文化自信的重要途径。在这些活动中，学生可以通过参与和互动，深化对传统文化的理解，并在与他人交流中拓宽视野。这样的校园活动，也为高校营造出浓厚的文化氛围，推动全校师生共同关注和传承中华优秀传统文化。

开展传统文化相关的研讨会和讲座，邀请专家学者分享传统文化的深厚内涵与现代应用，是提升教师和学生传统文化素养的有效方式。通过聆听专家的讲解，学生不仅能获得丰富的知识，也能激发他们对传统文化的思考与讨论。这种学术交流活动，促进了学生批判性思维的发展，并鼓励他们在传统与现代的结合中，探索传统文化的当代价值和意义。

实施跨学科合作项目，结合艺术、历史、哲学等领域，设计综合性课程，是提升高校美育教育水平的创新尝试。通过多学科的视角，学生可以更全面地理解传统文化的价值。这样的课程设计，不仅拓宽了学生的知识面，也培养了他们的综合分析能力和创新思维。

二、传统文化教学资源的开发与利用

（一）数字化资源开发

数字化资源开发在高校美育教育中扮演着至关重要的角色。通过开发数字化传统文化课程资源，如视频讲座、互动课件和在线学习模块，教师和学生能够随时随地访问和学习。这些资源不仅提供了灵活的学习环境，还使得传统文化的教学内容更具吸引力和互动性。视频讲座可以通过生动的影像和声音传达深奥的文化内涵，而互动课件则通过参与式学习提高学生的理解和记忆效果。在线学习模块则为学生提供了个性化学习的机会，使他们能够根据自己的节奏和兴趣深入探索传统文化的各个方面。

创建虚拟博物馆和在线展览是数字化资源开发的一个重要方面。这些平台通过展示传统文化艺术品和历史文献，增强学生的文化体验和理解。虚拟博物馆不仅可以突破时间和空间的限制，使学生能够接触到全球范围内的文化瑰宝，还能通过多媒体技术提供沉浸式的学习体验。在线展览则通过主题化的展示方式，引导学生对特定文化现象进行深入研究和思考。通过这些数字化平台，学生可以在丰富的文化背景下，培养审美能力和文化鉴赏力。

利用数字化平台建立传统文化知识库，为教师和学生提供了一个便捷的查阅与学习的工具。知识库汇集了经典文献、艺术作品和研究成果，为教学和学术研究提供了丰富的资源支持。教师可以通过知识库快速获取教学素材和最新研究动态，从而提高教学质量和科研水平。而学生则可以在知识库中找到与课程相关的资料，进行自主学习和课外延伸，培养独立思考和研究能力。知识库的建立，不仅提升了高校美育教育的资源共享水平，也促进了传统文化的传承与创新。

开发移动应用程序，为传统文化学习提供了便利的工具和资源，支持教师在课堂外引导学生进行自主学习和探索。移动应用程序的灵活性和便捷性，使学生能够在任何时间、任何地点进行学习。通过应用程序，学生可以访问丰富的学习资源，如音视频资料、电子书籍和互动练习，从而在碎片化的时间内积累知识。此外，应用程序还可以通过推送通知和学习提醒，帮助学生制订学习计划和目标，增强学习的主动性和持久性。

（二）实物资源整合

实物资源整合在高校美育教育中具有重要的作用。通过整合传统文化实物资源，如书法、国画、陶瓷等，教师可以在课堂上提供学生观察与实践的机会，帮助他们增强对传统艺术的直观理解。这不仅提升了学生的艺术鉴赏能力，也有助于培养他们的文化素养。通过这种方式，学生能够更深入地理解中华传统文化的精髓，进而在实践中感受到传统文化的魅力与价值。此外，建立校园传统文化展示区，并定期更换展品，是另一种有效的实物资源整合方式。这样的展示区能够让学生在日常学习中无意识地接触和了解不同的传统文化元素，增加他们对传统文化的亲近感。通过这种潜移默化的方式，学生在潜意识中形成对传统文化的认同与热爱。

组织传统工艺体验活动也是实物资源整合的一部分。邀请工艺师现场指导学生进行手工制作，不仅能够提升学生的动手能力，还能增强他们的文化认同感。在这个过程中，学生通过亲身实践，体验到传统工艺的魅力，同时也能够理解工艺背后的文化内涵。这种体验式学习能够激发学生对传统文化的兴趣，使他们在

动手实践中领悟到文化的深层次意义。此外，开发传统文化实物的借阅系统，允许学生在课外时间深入学习，也是实物资源整合的一种创新尝试。通过这样的系统，学生可以自主选择感兴趣的传统文化实物进行研究和学习，激发他们对传统文化的探索欲望，并在此过程中提升自身的文化素养和实践能力。

利用地方特色文化资源进行实物资源整合，是增强学生地域文化认同的重要手段。通过整合本地区的传统艺术品和手工艺品，组织相关学习活动，学生不仅能够了解本地的文化特色，还能在学习中增强对地域文化的认同感。这种整合方式能够使学生在了解和认同自己所处地域的文化的同时，拓宽其文化视野，培养其开放的文化态度和包容的文化精神。通过这样的学习活动，学生不仅能够掌握传统文化的知识，还能在实践中体会到文化传承的重要性。

（三）资源共享平台建设

资源共享平台的建设在高校美育教育中扮演着至关重要的角色。通过有效的资源共享平台，教师和学生可以更为便捷地获取中华优秀传统文化的相关教学资源，这不仅提升了教学的效率，也丰富了学习的内容。开发在线课程资源库是资源共享平台建设的核心任务。通过提供数字化的学习材料和教学视频，教师和学生能够随时随地获取所需的知识。这种灵活的学习方式，打破了传统课堂教学的时间和空间限制，使中华优秀传统文化的学习更加广泛和深入。

为了确保资源的有效性和适用性，创建传统文化教学资源的评估与反馈机制是必不可少的。通过这种机制，教师可以在使用过程中分享他们的反馈和改进建议，从而不断完善教学资源。这种动态的反馈系统不仅有助于提高资源的质量，还能激发教师之间的专业交流与合作。教师在分享过程中，不仅交换了教学经验，还共同探讨了传统文化在美育教育中的创新应用，从而推动了整个教育体系的进步。

跨校合作平台的搭建为不同高校的美育教师提供了一个广阔的合作与交流空间。通过这个平台，教师可以共同开发和分享传统文化教学资源和活动。这种跨校合作的模式，不仅丰富了教学资源的多样性，也促进了教育理念的碰撞与融合。教师在合作过程中，能够借鉴其他高校的成功经验，结合自身的教学实践，探索出更适合自己学校的教学方法和资源。

三、传统文化教学评估与反馈机制

（一）教学效果评估

在中华优秀传统文化与高校美育教育的融合过程中，教学效果评估是确保教学质量的重要环节。通过建立多维度的评估标准，可以全面反映教学效果。这些标准不仅包括学生的参与度和理解力，还涵盖实践能力的培养。通过对这些指标的综合考量，能够更准确地评估教师在传统文化教学中的表现。有效的评估体系能够帮助教师识别教学中的优势与不足，从而为后续的教学改进提供依据。

定期实施自我评估与同行评估是提升传统文化教学质量的关键措施。自我评估促使教师反思自身的教学方法和效果，而同行评估则通过集体智慧促进教师间的互相学习与改进。这种评估机制不仅能够促进教师的专业成长，还能在教师群体中形成良好的学术交流氛围。通过这种双重评估，教师可以更好地理解和应用中华优秀传统文化的教育理念，进而提高整体教学水平。

学生的反馈是教学效果评估中不可或缺的一部分。通过问卷和访谈，收集学生对传统文化课程的意见和建议，可以帮助教师及时调整教学策略，以更好地满足学生的需求。这种反馈机制不仅可以反映学生的学习体验，还能揭示课程设计中的潜在问题，从而为课程的持续改进提供参考。及时的反馈与调整能够确保教学内容与学生的兴趣和发展需求相契合。

课堂观察和录像分析为传统文化教学方法的有效性提供了具体的评估依据。这种方法通过直观的数据和影像资料，帮助教师识别课堂教学的实际效果和存在的问题。通过对这些资料的深入分析，教师可以获得具体的改进方向，从而在教学实践中不断优化自己的教学策略。这种基于实证的评估方法能够有效促进教师的专业发展。

（二）教学过程反馈

在传统文化教学中，教学过程反馈是提高教学质量的重要环节。通过建立教师与学生之间的定期反馈机制，双方可以在教学过程中进行有效的沟通与理解。这种反馈机制不仅有助于教师及时了解学生对课程内容的接受程度，还能帮助学生更好地理解传统文化的深刻内涵。为了确保反馈的有效性，教师可以通过课堂观察详细记录自己的教学表现，并根据这些记录适时调整教学策略，以提高教学

效果。这种动态调整不仅能提升教学的灵活性，还能使教学内容更贴近学生的实际需求。

利用学生的学习日志和反思报告，教师可以进一步评估学生在传统文化学习过程中的理解与成长。这些日志和报告为教师提供了学生在学习过程中遇到的困难和取得的进步的详细记录。通过分析这些资料，教师能够更清晰地了解学生的学习状态，并据此制订更有针对性的教学计划。此外，学生在撰写学习日志和反思报告的过程中，也能够加深对传统文化的理解，培养自主学习的能力。这种双向反馈机制不仅有助于提高教学效果，还能促进学生的全面发展。

为了收集学生对传统文化课程的即时评价与建议，教师可以设置即时反馈工具，如在线问卷或实时投票。这些工具能够快速收集学生对课程内容、教学方法以及学习体验的反馈，使教师能够及时调整教学策略，以适应学生的学习需求。即时反馈工具的运用，不仅提高了反馈的效率，还增强了学生参与课程设计和教学改进的积极性。同时，这种参与感也有助于提高学生对传统文化课程的兴趣和投入度，进而提升整体的学习效率。

定期组织教师间的教学反思会议，是促进传统文化教学共同进步的重要途径。在这些会议中，教师可以分享各自的教学经验与反馈，交流成功的教学策略和面临的挑战。这种集体反思不仅有助于教师相互学习和借鉴，还能激发新的教学灵感，推动教学创新。通过这种合作与交流，教师能够更好地理解传统文化教学的多样性和复杂性，从而在教学实践中不断提高自己的专业能力和教学水平。

第三节　建立高校美育教师与传统文化专家的交流机制

一、高校美育教师与传统文化专家交流的必要性

（一）文化传承的重要性

在高校美育教育中，文化传承不仅是文化教育的核心内容，更是增强民族认同感的重要途径。通过文化传承，高校能够帮助学生树立对中华优秀传统文化的

自豪感和归属感。这种认同感在全球化的背景下显得尤为重要，它不仅让学生在多元文化的冲击中保持自我，还能激励他们积极探索和弘扬本民族的文化价值。文化传承的过程，也是培养学生文化自信的过程，使他们能够在多元文化的交流中，坚定地传播和实践中华文化的精髓。

文化传承的另一重要意义在于它能促进传统艺术形式的保护与发展。通过这一过程，学生能够接触到多元化的艺术教育体验，进而增强其审美能力。在高校美育教育中，通过与传统文化专家的交流，教师可以更好地理解和教授这些艺术形式，从而为学生提供更丰富的学习内容和更深刻的艺术体验。这种艺术教育不仅限于技能的传授，还能培养学生对传统艺术的理解和欣赏能力，进而激发他们的创造力和文化表达能力。

文化传承在教育中还扮演着连接过去与未来的角色。通过对传统文化的学习，学生能够理解其现实意义与应用价值。这种理解不仅有助于他们在学习中找到文化的根源，还能帮助他们在现代社会中找到传统文化的应用场景和创新途径。通过与传统文化专家的交流，教师可以获得更为系统和深入的知识，从而更好地引导学生在学习过程中实现理论与实践的结合，使传统文化在现代社会中焕发新的活力。

文化传承有助于构建和谐的校园文化氛围。通过对传统文化的学习和交流，学生能够激发对传统文化的兴趣，进而促进校园内外的文化交流与互动。这种交流不仅限于师生之间，还包括校园与社会、国内与国际的文化互动。在这种多层次的交流中，学生能够更好地理解和尊重不同的文化，培养开放的心态和包容的精神，从而为构建和谐社会贡献自己的力量。

（二）教学创新的需求

在当今快速发展的教育环境中，教学创新成为高校美育教育的重要需求。传统文化教学需要不断创新教学方法，以增强学生的参与感和实践能力，从而促进他们对文化内涵的深刻理解。教师应积极更新传统文化教学内容，结合现代社会的需求，使课程更具现实意义和吸引力。通过引入现代科技手段，如虚拟现实技术和互动平台，教师可以提升传统文化教学的互动性和趣味性，增强学生的学习体验。跨学科的课程设计则能够促进传统文化与其他学科的融合，激发学生的创新思维和综合素养。高校美育教师与传统文化专家的合作，能够带来新视角和新方法，有助于推动传统文化教学的创新与发展。

传统文化教学的创新不仅是教学方法的更新，更是教学内容的现代化。教师应当关注传统文化在当代社会中的实际应用，结合社会热点和学生的兴趣点，设计出更具吸引力的课程内容。此外，利用现代科技手段可以使传统文化的学习不再局限于课堂，而是通过虚拟现实等技术手段，将学生带入一个沉浸式的学习环境中，增强他们的学习体验和参与感。通过这样的创新，传统文化教学不再是单向的知识传授，而是一个多向互动的过程。

在跨学科课程设计中，传统文化可以与其他学科知识相结合，形成一种新的教学模式。这种模式不仅能够拓宽学生的知识面，还可以培养他们的综合素养和创新思维能力。例如，将传统文化与艺术、历史、哲学等学科结合，可以为学生提供一个多维度的学习视角，帮助他们更全面地理解和应用传统文化知识。这样的跨学科融合需要教师与传统文化专家的紧密合作，共同开发课程和教学资源，以确保教学内容的深度和广度。

（三）专业发展的推动力

专业发展的推动力在于不断更新与扩展教师的专业知识。高校美育教师通过与传统文化专家的交流，能够获得最新的研究成果与教学理念。这种互动不仅为教师提供了新的视角，还促进了他们对传统文化的深刻理解。通过这种知识的传递，教师能够在教学中融入更具时代感和创新性的内容，为学生提供更丰富的学习体验。

通过与传统文化专家的互动，高校美育教师能够掌握实用的教学策略与方法，从而提升课堂教学的有效性。传统文化专家在其领域内积累了丰富的经验和深厚的知识，他们的见解能够帮助教师更好地理解和传授传统文化的精髓。这种知识的传递不仅提高了教师的教学能力，也提升了学生对传统文化的兴趣和理解能力。通过这种合作，教师能够设计出更具吸引力和挑战性的课程内容，进而提高学生的学习积极性和效率。

建立交流机制有助于高校美育教师获取丰富的文化资源，增强课程内容的多样性与深度。传统文化蕴含着丰富的思想和价值观，通过与专家的合作，教师能够更全面地将这些元素融入课程。这不仅扩展了课程的广度，也加深了学生对传统文化的理解。多样化的课程内容能够满足不同学生的学习需求，培养其批判性思维和创造力，从而提升整体的学习体验。

教师与专家的合作能够激发创新思维，推动传统文化在现代教育中的有效应用。通过这种合作，教师能够获得新的灵感和创意，将传统文化与现代教育理念相结合，创造出新的教学模式和方法。这种创新不仅丰富了教学内容，也使传统文化在现代社会中焕发出新的生命力。通过不断探索和尝试，教师能够更好地适应教育的变化，保持教学内容的与时俱进。

二、交流机制的设计与实施策略

（一）机制设计原则

在设计高校美育教师与传统文化专家的交流机制时，需要遵循若干重要原则。建立跨学科合作机制至关重要。这不仅可以促进美育教师与传统文化专家在课程设计和教学方法上的共同探索与创新，还能推动不同学科之间的知识交融与思想碰撞。在这种合作机制下，教师和专家可以通过合作开发课程、共同指导学生项目等方式，深化对传统文化的理解与应用。同时，定期举办交流研讨会也是机制设计的一个核心原则。通过邀请传统文化专家分享最新的研究成果与教学经验，教师可以获得最新的学术动态和教学实践经验，从而促进其专业发展与知识更新。这种交流不仅局限于理论探讨，更应结合实际教学需求，以确保其在教学实践中的可操作性和有效性。

为了确保交流机制的持续优化，设立反馈与评估机制是不可或缺的。通过定期收集教师和专家的交流效果与建议，可以对机制的实施进行全面评估。这一过程不仅有助于识别交流中的问题和不足，还能为未来的改进提供科学依据。反馈机制应包括多种形式，如问卷调查、访谈、座谈会等，以便全面了解参与者的真实需求和体验。此外，鼓励教师积极参与传统文化相关的实践活动也是设计机制时需要考虑的重要原则。通过这种方式，教师可以在实际的文化体验中提升自身的教学能力与文化素养。实践活动不仅能增强教师对传统文化的亲身感受，还能为其提供丰富的教学素材和灵感，从而在课堂上更好地传递传统文化的精髓。

在实施交流机制的过程中，需注意机制的灵活性与可持续性。机制的设计应充分考虑高校的实际情况和教师的具体需求，以便在实施中具备较强的适应性。同时，机制的实施应注重长效性，通过阶段性总结与调整，确保其能够长期发挥

作用。为此，可建立专项的工作小组，负责机制的具体实施与监督，确保各项活动的有序开展和目标的有效达成。

（二）实施步骤规划

实施步骤规划是确保高校美育教师与传统文化专家交流机制有效运行的重要环节。建立定期的专家交流会至关重要。这些交流会不仅为传统文化专家提供了一个展示其最新研究成果的平台，也为高校美育教师创造了一个汲取新知识、更新教学理念的机会。通过专题讲座，专家可以分享其在传统文化领域的独到见解和教学经验，帮助教师更好地理解和传授中华优秀传统文化。这种面对面的交流形式能够激发教师对传统文化的兴趣，促进其专业发展。

设立美育教师与传统文化专家的在线交流平台是现代教育技术发展的必然选择。通过这一平台，教师可以随时向专家咨询教学问题，获取最新的教学方法与资源支持。这不仅提高了教师的教学效率，也增强了他们在传统文化教育中的信心。在线平台还可以作为一个资源共享的空间，教师和专家可以在此交流教学案例、分享教学资源，形成一个良好的互动交流环境，为传统文化在高校美育教育中的应用提供持续的动力。

组织跨学科的合作项目是促进美育教师与传统文化专家深度合作的有效途径。通过这些项目，双方可以共同设计课程，探索传统文化与现代教育的结合点。这种合作不仅拓宽了教师的学科视野，也为传统文化的传承与创新提供了新的思路。跨学科的合作项目强调了团队合作的重要性，鼓励教师与专家在实践中不断交流与学习，提升自身的教学能力和文化素养。

开展传统文化教学的实践活动是提升教师实际操作能力和文化素养的重要手段。在这些活动中，邀请传统文化专家参与指导，使教师能够在真实的教学情境中应用所学知识，提升其教学技能和文化理解能力。这种实践活动不仅有助于教师将理论知识转化为实践能力，也为学生提供了更为生动和直观的学习体验，进一步推动了传统文化在高校教育中的传播。

建立反馈机制是确保交流机制有效性的关键。通过定期收集教师与专家的交流效果与建议，可以不断优化交流活动的内容与形式。反馈机制的存在使交流活动能够根据实际需要进行调整，确保其始终符合参与者的期望和需求。这种动态的优化过程能够提高交流机制的效率，确保中华优秀传统文化在高校美育教育中

的应用达到最佳效果。

（三）资源配置与支持

资源配置与支持在高校美育教育中扮演着至关重要的角色。为了确保传统文化教学活动的顺利开展，建立专门的资金支持机制显得尤为重要。通过充足的财务保障，学校能够为各种文化活动提供必要的支持，从而促进学生对中华优秀传统文化的深入理解和认同。资金支持不仅能帮助学校举办多样化的文化活动，还能吸引更多的传统文化专家参与教学与研究，提高整体教学质量。

现代化教学设备的配置是提高传统文化教学效率的关键。多媒体教室和虚拟现实设备等现代化设施的引入，可以极大地增强传统文化课程的互动性和趣味性。通过这些技术手段，学生能够更直观地体验和感受传统文化的魅力，从而激发他们的学习兴趣和积极性。同时，这些设备也为教师提供了更多元化的教学方式，使传统文化课程不再局限于单一的讲授模式，而是能够结合多种教学手段，丰富课堂内容。

整合校内外文化资源，建立合作关系，是提升传统文化教育实践性的有效途径。高校可以与博物馆、艺术馆及其他文化机构合作，为教师和学生提供丰富的实践和学习机会。这种合作不仅能够拓宽学生的视野，增加他们的文化体验，还能为教师提供更多的教学素材和研究资源。通过这种资源整合，学校可以打造一个多层次、多维度的文化教育平台，为美育教育注入新的活力。

开发数字化学习平台，为传统文化教育提供便捷的学习途径，是资源配置与支持的重要方面。通过在线课程和学习资料，教师和学生可以随时随地进行自主学习，打破时间和空间的限制。这种数字化学习模式不仅提高了学习的灵活性，也为传统文化教育提供了更多的可能性。教师可以利用这些资源进行教学创新，而学生则可以根据自己的兴趣和需要选择学习内容，进一步促进个性化学习。

三、跨学科合作的交流平台建设

（一）平台功能定位

平台功能定位的目的是为高校美育教师与传统文化专家提供一个高效、便捷的交流与合作空间。通过建立跨学科资源共享平台，旨在促进美育教师

与传统文化专家之间的知识与经验交流。这一平台不仅是一个信息共享的场所，也是一个促进多学科融合与创新的交流空间。通过整合各学科的优质资源，平台为教师提供了一个探索传统文化在美育教育中应用的新视角和新方法的机会。

在平台的建设中，提供在线课程和学习模块是其核心功能之一。这些课程和模块旨在帮助教师和学生随时获取与传统文化相关的教学资源。通过在线学习，教师可以灵活安排学习时间，深入了解传统文化的内涵与外延，并将其有效地融入教学实践中。学生亦可通过这些资源，加深对中华优秀传统文化的理解，提升自身的文化素养和审美能力。

平台还定期组织文化活动和研讨会，以增强教师的实践能力与文化素养。这些活动不仅为教师提供了展示和交流的平台，还通过专家讲座、工作坊等形式，帮助教师拓宽视野，提升教学技能。参与这些活动的教师可以在实践中不断反思和改进自己的教学方法，从而更好地将传统文化融入美育教育中。

搭建互动式交流社区是平台的重要组成部分，旨在鼓励教师分享教学经验与教学资源，促进合作与创新。通过在线论坛、社交媒体等形式，教师可以随时随地与同行交流，分享教学中的得失与体会。这种开放的交流氛围，不仅有助于教师个人的专业成长，也有助于形成一个互助互信的教师共同体，从而推动美育教育的整体发展。

（二）技术支持与维护

在促进跨学科合作的交流平台建设中，技术支持与维护是至关重要的一环。通过建立技术支持团队，负责平台的日常维护与技术问题的解决，可以有效确保系统的稳定性与安全性。技术支持团队需要具备专业的技术能力和快速响应的服务意识,以便在出现技术问题时能够及时解决,保障平台的正常运行。此外，团队还需进行定期的系统检查和维护，预防潜在问题的发生，从而提升平台的可靠性。

为了适应不断变化的用户需求与技术发展，定期进行系统升级与功能优化是必要的。平台的技术支持团队应密切关注技术发展趋势，及时引入先进技术和功能，以提升平台的竞争力和用户满意度。这种持续的技术优化不仅能够提高平台的性能，还能为用户提供更多样化的功能选择，满足不同用户的个性化需求。这种动态的技术支持策略对于平台的长期发展至关重要。

开发用户友好的操作界面是提升教师与学生使用体验的重要手段。一个直观、简洁的界面设计能够帮助用户更轻松地访问和利用平台资源，降低学习和使用门槛。通过用户界面的优化，教师和学生可以更加专注于内容的学习和交流，而不会被复杂的操作步骤所困扰。这种设计理念不仅提高了用户的使用效率，也增强了用户对平台的整体满意度。

提供在线技术支持与培训是帮助教师和学生掌握平台使用技巧的重要措施。通过在线培训，用户可以在短时间内熟悉平台的功能和使用方法，提升自主学习的能力。技术支持团队应提供多样化的培训资源，如视频教程、使用手册和在线问答，以便用户能够根据自身需要选择合适的学习方式。这种多层次的支持体系能够有效提高用户的技术水平和平台使用体验。

（三）用户参与与互动

用户参与与互动在跨学科合作交流平台建设中具有重要作用。通过建立用户反馈机制，鼓励教师和学生定期提交对平台的使用体验和建议，可以实现平台功能和服务的持续优化。这种反馈机制不仅有助于识别平台在实际应用中的不足，还能为开发团队提供宝贵的用户视角，从而推动平台的不断完善。此外，用户反馈的积极参与也能够激发教师和学生的责任感和归属感，增强他们对平台的依赖和信任。

设计互动式在线讨论区是促进教师和学生之间实时交流与合作的重要手段。通过这种互动平台，用户可以随时分享他们在传统文化教学中的经验和见解，形成一个开放的知识共享环境。在这个过程中，教师和学生能够共同探讨传统文化教学的创新方法，激发彼此的灵感和创造力。互动式讨论区不仅是信息交流的载体，更是思想碰撞的场所，能够有效促进跨学科的合作和交流。

举办线上线下结合的文化活动，邀请用户参与，是增强他们对传统文化理解与认同的有效途径。这种活动形式不仅可以通过实践加深用户对传统文化的感知，还能通过面对面的交流增进师生之间的情感联系。文化活动的多样性和趣味性能够吸引更多用户的参与，使他们在轻松愉悦的氛围中提高对传统文化的兴趣和认同感，从而为高校美育教育注入新的活力。

第四节　鼓励高校美育教师开展中华优秀传统文化教育研究

一、中华优秀传统文化教育研究的选题方向

（一）文化传承与创新

中华优秀传统文化在高校美育教育中的应用，不仅在于其丰富的文化内涵，还在于其传承与创新的双重使命。文化传承是保持文化连续性的关键，而创新则是文化发展的动力。高校美育教师在研究中华优秀传统文化时，应深入挖掘传统文化的核心价值观，并将其与新时代的教育需求相结合。通过对传统文化的研究，教师能够在学生中树立正确的价值观和审美观，从而更好地实现文化的传承与创新。此外，教师还需关注传统文化在当代教育中的再创造，为学生提供多样化的文化体验，培养他们的文化自信和创新能力。

传统文化在美育教育中的核心价值观体现，是教育研究的重要方向。美育教育不仅是对美的欣赏，也是对文化价值的理解与传递。传统文化中的核心价值观，如和谐、仁爱、诚信等，不仅是中华民族的精神财富，也应成为高校美育教育的指导原则。通过研究这些价值观在美育教育中的体现，教师可以帮助学生在欣赏美的同时，理解美背后的文化意义。这种教育方式不仅提升了学生的审美能力，也增强了他们的道德判断力和文化认同感，从而为培养全面发展的高素质人才奠定基础。

在美育教育中，传统文化元素对学生审美能力的提升具有重要意义。传统文化中的艺术形式，如书法、国画、戏曲等，蕴含着丰富的美学思想和艺术技巧。高校美育教师可以通过研究这些传统文化元素，设计出富有创意的教学活动，激发学生的艺术兴趣和创造力。在教学过程中，教师应引导学生深入理解传统艺术的表现手法和审美意境，从而提升他们对美的感知力和鉴赏力。这种审美能力的提升，不仅有助于学生在艺术领域的发展，也能增强他们对生活美

的感悟和欣赏。

传统文化与现代艺术形式的融合创新，是高校美育教师研究的一个重要课题。随着时代的发展，传统文化与现代艺术的结合越来越受到关注。教师在研究过程中，应探索如何将传统文化的精髓融入现代艺术形式中，以实现文化的传承与创新。通过这种融合，学生不仅能够欣赏到传统文化的魅力，还能感受到现代艺术的活力。这种研究不仅拓宽了美育教育的内容和形式，也为学生提供了更多元的艺术体验，培养了他们的创新意识和跨文化交流能力。

传统文化教育对学生文化自信的培养，是美育教育的重要目标。文化自信是一个民族发展的精神动力，而传统文化教育则是培养文化自信的重要途径。高校美育教师通过研究传统文化教育，可以设计出既具有传统文化特色又符合现代教育理念的课程内容，帮助学生在学习中增强对自身文化的认同感和自豪感。这种文化自信的培养，不仅促进了学生的全面发展，也为中华文化的传承和发展注入了新的活力。

（二）传统艺术与现代教育

传统艺术作为中华优秀传统文化的重要组成部分，蕴含着丰富的美学思想和文化内涵。在现代教育中，如何有效地将传统艺术融入课程体系，是提升学生艺术修养和文化素养的关键。研究表明，传统艺术形式如书法、国画、戏曲等，不仅可以丰富学生的艺术体验，还能激发他们的创造力。通过这些艺术形式的学习，学生能够在感受传统美学的同时，培养创新思维和独立思考能力。

传统艺术形式对学生创造力的激发作用尤为显著。在美育课程中，传统艺术不仅是技艺的传授，也是文化精神的传递。通过对传统艺术的实践与探索，学生能够在创作中表达个性、拓宽思维。这种创造力的激发，不仅体现在艺术作品上，还渗透到他们的学习和生活中，使他们在面对问题时能够提出独特的解决方案。这种创造力的培养，为学生在未来的学术和职业生涯中提供了坚实的基础。

在美育课程中，传统艺术的多样化表现形式为学生提供了丰富的学习体验。不同的艺术形式，如剪纸、陶艺、刺绣等，能够满足学生多样化的兴趣和需求。这些课程不仅让学生在实践中体验传统文化的魅力，还通过多元化的教学方式，提升了他们的审美能力和文化认同感。通过多样化的艺术实践，学生能够更深入地理解和欣赏中华优秀传统文化的博大精深。

传统艺术与现代教育理念的有机结合，是实现美育目标的重要途径。现代教育强调学生的全面发展和个性化培养，而传统艺术正是这种教育理念的有力支持者。在教学过程中，教师可以通过传统艺术的融入，帮助学生建立正确的审美观念，提高他们的文化素养和道德情操。这种教育模式，不仅有助于学生的个人发展，也为中华优秀传统文化的传承和发扬创造了良好的环境。

（三）文化多样性与包容性

高校美育教师在设计课程时，需要考虑学生的多元文化背景，强调不同文化对学生审美观念的潜移默化影响。文化多样性不仅丰富了美育教育的内容，还为学生提供了更广阔的视野和多样化的审美体验。通过探索不同文化的艺术形式、价值观和生活方式，学生能够在审美认知上实现跨越式发展，从而形成更加包容和开放的审美观念。

包容性教育理念的引入，使传统文化教学更具现代意义。通过包容性教育，教师可以帮助学生理解和尊重多元文化，培养他们的全球视野和文化适应性。在课堂上，教师可以通过多种教学方法，如案例分析、文化交流活动等，让学生感受到多元文化的魅力和价值。这样的教育方式不仅提升了学生的文化素养，还增强了他们对不同文化的尊重与包容能力，促进了和谐校园文化的建设。

传统文化课程还可以成为培养学生跨文化交流能力的平台。在全球化背景下，跨文化交流能力成为学生必备的素质之一。通过传统文化课程，学生可以学习如何在不同文化背景下进行有效的沟通，增强其全球视野。教师可以组织跨文化交流活动，邀请来自不同文化背景的嘉宾分享经验，帮助学生更好地理解和适应多元文化环境。这不仅提高了学生的语言能力和交流技巧，还增强了他们在国际舞台上的竞争力。

文化多样性与包容性对学生创造力的促进作用不容忽视。在艺术创作中，文化多样性为学生提供了丰富的灵感源泉，激发了他们的创新思维。通过接触和学习多种文化形式，学生可以在艺术创作中融合不同文化元素，创造出具有独特性的艺术作品。包容性教育鼓励学生突破传统思维的限制，勇于尝试新的艺术表现手法，从而在创作中展现出更高的创造力。

二、高校美育教师研究能力的提升策略

（一）专业知识的深化

专业知识的深化是提升高校美育教师研究能力的关键。教师应深入理解中华优秀传统文化的核心思想及其在美育教育中的应用价值。这需要教师不应仅停留在表面知识的掌握上，还要探索传统文化的深层次内涵，理解其在不同历史时期的演变及其对当代教育的启示。在这一过程中，教师需具备批判性思维，能够分析和评估传统文化的各种表现形式及其在现代教育中的适用性。这种深度的理解有助于教师设计出更具文化深度的美育课程，提升学生的审美能力和文化认同感。

掌握传统文化艺术形式的基本特征及其在现代教育中的表现方式，是美育教师专业知识深化的另一个重要方面。传统文化艺术形式丰富多样，包括书法、绘画、音乐、舞蹈等，这些形式不仅承载着深厚的文化底蕴，也在现代教育中具有重要的表现价值。教师需要熟悉这些艺术形式的基本特征，并探索其在现代教育中的创新应用。这不仅有助于提升学生的艺术修养，也能在潜移默化中增强学生对中华文化的认同感和自豪感。通过艺术形式的多样化呈现，教师可以更有效地激发学生的学习兴趣，促进其全面发展。

研究传统文化对学生审美能力和文化认同感的影响机制是深化专业知识的重要任务之一。教师需要通过理论与实践的结合，探索传统文化如何通过美育教育提升学生的审美能力。这涉及文化符号、艺术形式和教育方法的综合运用，教师需具备跨学科的研究视角，能够从心理学、教育学和文化学等多个角度分析影响机制。同时，教师应注重培养学生的文化认同感，通过传统文化教育增强学生对自身文化的理解和认同，从而在全球化背景下保持文化自信。

（二）教学技能的提升

教学技能的提升对于高校美育教师在中华优秀传统文化教育中的角色至关重要。教师需要具备设计有效课堂教学的能力，以满足学生的多样化需求和兴趣。通过深入了解学生的学习动机，教师可以制定出与传统文化教育相契合的课程方案，确保课程内容既有趣又富有教育意义。这样的设计能够激发学生的学习热情，使他们在课堂上更加积极主动地参与传统文化的学习。

掌握多样化的教学方法是提升教学技能的重要环节。互动式教学和项目式学习作为当前教育领域的前沿方法，可以有效增强学生对传统文化的参与感和理解。互动式教学通过师生之间的积极交流，创造出一个开放的学习环境，使学生在探讨和实践中加深对传统文化的认知。而项目式学习则通过任务导向的形式，让学生在解决实际问题的过程中体验传统文化的魅力。这些方法不仅提高了学生的学习兴趣，还培养了他们的批判性思维和问题解决能力。

在教学过程中，评估与反馈技能同样不可或缺。教师需要具备有效评估学生在传统文化学习中表现的能力，并能根据反馈调整教学策略。通过多元化的评估方式，如口头报告、项目展示和书面测试，教师可以全面了解学生的学习进展和困难之处。及时的反馈不仅可以帮助学生明确自己的学习目标，还能指导教师优化教学方法，提高教学效率。

跨学科整合能力是高校美育教师在教学技能提升中的另一重要方面。将传统文化与其他学科知识相结合，设计出综合性的课程内容，可以拓宽学生的知识视野，培养他们的综合素养。例如，将传统文化与历史、艺术、哲学等学科相结合，不仅丰富了课程内容，还增强了学生对传统文化的整体理解。这种跨学科的教学模式，有助于培养学生的创新能力和批判性思维。

（三）跨学科合作

跨学科合作在提升高校美育教师研究能力方面具有重要意义。通过跨学科的视角，教师能够突破传统学科的界限，融入多元的知识体系，进而丰富自身的研究方法和教学内容。跨学科合作不仅促进了不同学科之间的交流与融合，也为美育教师提供了更多的研究资源和平台。在这种合作模式下，教师可以共享各自的专业知识，形成合力，推动中华优秀传统文化在高校美育教育中的深入研究与实践。

跨学科课程设计的必要性在于它能够促进学生对传统文化的多维理解与应用能力。通过将不同学科的知识融入课程设计，学生可以从多个角度理解中华优秀传统文化的内涵与价值。这种设计不仅有助于培养学生的综合素质，还能提高他们的创新能力和实践能力。例如，将历史、文学、艺术与科学等学科内容有机结合，使学生在学习过程中既能掌握传统文化的基本知识，又能通过实践活动加深对其应用的理解。

艺术与科学结合的教学方法可以有效激发学生的创造性思维与实践能力。通过将艺术与科学的元素融入教学中，教师能够引导学生在理性思维与感性体验之间找到平衡，从而激发他们的创造力。例如，在教授传统文化中的艺术形式时，可以通过科学的分析方法帮助学生理解其背后的原理与结构，这不仅提高了学生的学习兴趣，也增强了他们的动手能力和创新意识。

建立跨学科合作的教师团队，是开发与实施传统文化相关创新课程与项目的关键。通过跨学科的合作，教师团队可以集思广益，设计出更具创意和实用性的课程。这种团队合作模式不仅有助于提高教师的教学水平，也为学生提供了更为丰富的学习资源和机会。在团队的共同努力下，中华优秀传统文化在高校美育教育中的应用将更加深入和广泛。

三、传统文化教育研究的资源整合与利用

（一）校内外资源共享

在高校美育教育中，校内外资源共享是提高教师教学水平和学生文化素养的重要途径。通过建立校内传统文化资源库，学校可以汇集丰富的书籍、文献和艺术作品，为教师和学生提供多样化的学习材料。这些资源不仅包括经典的文学著作和历史文献，还涵盖了丰富的艺术作品，如绘画、书法和音乐等，帮助学生在多元文化的熏陶中提升审美能力和文化认知。此外，学校还应注重与地方文化机构的合作，组织形式多样的传统文化讲座和实践活动。这些活动不仅能够增强师生对本土文化的认知与参与，还能通过亲身体验加深对传统文化的理解和认同。

线上学习平台的开发是实现校内外资源共享的重要手段。通过搭建便捷的线上学习平台，学校可以提供丰富的传统文化课程和教学资源，使教师和学生能够随时随地访问和学习。这种灵活的学习方式不仅可以满足不同学习者的需求，还能促进优质教育资源的广泛传播。为了提高教学质量，学校应鼓励教师与传统文化专家建立合作关系，共同开发课程和开展教学活动。专家的专业知识和经验能够为课程设计提供指导，确保教学内容的科学性和丰富性。

（二）数字化资源开发

数字化资源开发在当代教育中扮演着至关重要的角色，尤其是在传统文化教

育中，通过开发多媒体传统文化教学资源，如视频、音频和动画，可以大大增强学生的学习体验和文化理解。这些多媒体资源不仅能够生动地再现传统文化的精髓，还能够通过视觉和听觉的结合，使学生更直观地感受到文化的魅力。这种方式打破了传统教学的单一性，使文化知识的传递更加生动活泼，激发学生的学习兴趣，提高他们对中华优秀传统文化的理解和认同。

创建互动式在线学习模块是数字化资源开发的一个重要方面。这些模块通过游戏化学习和测验等方式，能够有效提升学生对传统文化知识的掌握与兴趣。游戏化学习不仅能够激发学生的参与热情，还能通过即时反馈帮助他们更好地掌握知识要点。在线测验则为学生提供了自我检测和强化学习的机会，使他们能够在轻松愉快的氛围中加深对传统文化的理解。这种互动式的学习方式，不仅提高了学习效率，还增强了学生对传统文化的兴趣和热爱。

虚拟博物馆的建立为学生提供了一个沉浸式的文化体验与学习环境。在虚拟博物馆中，学生可以通过在线平台浏览和学习传统文化艺术品和历史文献，仿佛置身于真实的博物馆中。这样的学习环境不仅丰富了学生的学习资源，还为他们提供了一个探索和发现的空间，使他们能够更深入地了解和感受传统文化的魅力。虚拟博物馆的出现，突破了时间和空间的限制，为学生提供了一个全新的学习途径。

设计移动应用程序是数字化资源开发的重要组成部分，这些应用程序提供了丰富的传统文化学习工具和资源，支持学生随时随地进行自主学习与探索。通过移动应用，学生可以利用碎片化的时间进行学习，不再受限于课堂教学。这种灵活的学习方式，极大地满足了现代学生的学习需求，使他们能够在日常生活中不断提升对传统文化的理解和认知。

（三）社会资源的引入

社会资源的引入在高校美育教育中扮演着重要角色。通过引入地方文化机构的支持，可以组织各种与传统文化相关的展览与活动。这不仅丰富了校园文化生活，还能够增强师生对地方文化的认知与参与感。地方文化机构往往拥有丰富的文化资源和经验，通过合作，能够为高校提供更多的文化教育素材和实践机会，帮助教师在教学中融入更多的地方特色文化元素，提升学生的文化素养与认同感。

与非营利组织合作是一种有效的社会资源引入方式。非营利组织通常致力于文化推广和社会公益，通过与其合作，高校可以开展多样的传统文化推广项目。这些项目不仅有助于提升学生的社会责任感，还能增强他们的文化传承意识。在此过程中，学生可以参与实际的文化活动，体验文化推广的意义，理解文化传承的责任，这对于培养学生的综合素质具有重要意义。

邀请传统文化领域的专家举办讲座与工作坊，是丰富教师教学资源与实践经验的重要手段。专家的专业知识和实践经验能够为教师提供新的教学思路和方法，促进教学质量的提高。通过与专家的互动，教师不仅可以获得最新的研究动态，还能够在教学中融入更为丰富的文化内容，从而激发学生的学习兴趣，提高他们的文化理解力和欣赏水平。

建立与社区文化中心的联系，开展传统文化体验活动，可以有效增强学生的实践能力与文化认同感。社区文化中心通常是地方文化活动的集散地，通过合作，高校可以组织学生参与实际的文化活动，如传统工艺制作、民俗节庆体验等。这些实践活动不仅能提升学生的动手能力，还能够让他们在亲身体验中感受到传统文化的魅力，增强文化认同感和自豪感。

参考文献

[1] 从云飞．中华优秀传统文化［M］．北京：华文出版社，2021.

[2] 李勇．中华优秀传统文化要略［M］．重庆：重庆大学出版社，2023.

[3] 闫帅．中华优秀传统文化的传承与创新研究［M］．北京：线装书局，2023.

[4] 费君清，刘家思．中华优秀传统文化精义导读［M］．杭州：浙江工商大学出版社，2022.

[5] 任金花．新时代中华优秀传统文化的“两创”研究［M］．北京：中国书籍出版社，2024.

[6] 李若冰．中华优秀传统文化读本［M］．昆明：云南大学出版社，2020.

[7] 舒坤尧．中华优秀传统文化传承与现代价值研究［M］．北京：文化发展出版社，2024.

[8] 张岂之，张茂泽，陈战峰．中华优秀传统文化经典要义［M］．西安：陕西太白文艺出版社，2021.

[9] 易志军．中华优秀传统文化读本［M］．重庆：重庆大学出版社，2020.

[10] 张晓敏．高校美育理论与实践研究［M］．沈阳：辽宁大学出版社，2024.

[11] 周晏悦．高校美育建设与艺术审美［M］．长春：吉林出版集团股份有限公司，2022.

[12] 田钰莹，王莹，王肖南．当代高校美育理论与实践创新［M］．长春：吉林大学出版社，2023.

[13] 王楠. 高校美育教育创新路径探究 [M]. 长春：吉林出版集团股份有限公司，2023.

[14] 刘致畅. 高校美育课程建设与开发研究 [M]. 长春：吉林大学出版社，2022.

[15] 王军莉. 高校美育实施路径研究 [M]. 北京：九州出版社，2019.